カルチャーモデル CULTURE MODEL

最高の組織文化のつくり方

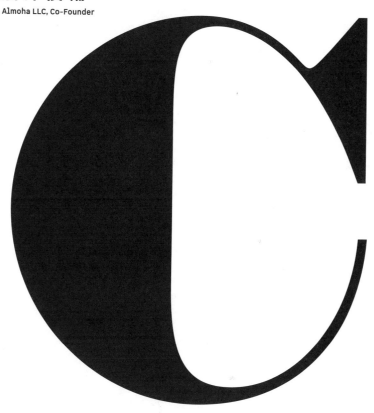

唐澤俊輔
Almoha LLC, Co-Founder

Discover
ディスカヴァー

はじめに

「人を大切にしている」と謳う会社や経営者は無数に存在します。

しかしながら、そうした会社のすべてが順調に業績をあげているわけではありません。さらに言えば「人材が大事」と言いながら、働く社員が不幸になってしまっているケースすら目にすることも多くあります。

・素晴らしい経歴で、頭もキレる超優秀な社員が入ってきた！　しかし、いろいろ手を出したものの大きな成果にならず、すぐに退職してしまった。

・新卒社員が夢を抱いてワクワクして入社してきた！　しかし、入社数カ月経てば夢を語ることはなくなり、目の前の作業をこなす日々。そのうち退職していた。

・社長が入れ替わり、組織風土改革が始まった！　しかし、これまで最も組織に貢献してきた功労者が抵抗。改革もうまくいかず、功労者も退職してゆく。

退職までいかなくても、「こんなはずじゃなかった」「仕事なんてそんなものだ」とぼやく人は、きっとあなたの周りにもいるはず。「人を大切にする」と謳う会社なのに、どうしてこうした不幸が生まれてしまうのでしょうか。

その原因の一つが「期待値ギャップ」です。期待値ギャップとはつまり、社員が会社に対して抱いていた期待と、実際の働く環境や条件に差分がある状態のこと。そのギャップが大きければ大きいほど不満につながるわけです。

社員の期待値と現実の環境にギャップが少ないのが「いい会社」

たとえば、成長著しく、今勢いのあるいわゆる「いい会社」に、ふたりの社員が入社したとします。Aさんは「自分自身も成長できる環境に身を置いて、バリバリ働きたい」と考えています。一方、Bさんは「業績好調な会社で、安定して働きたい」と考えていました。

そして、実際の仕事が始まると、AさんとBさんの明暗はすぐに分かれます。

Aさんは即戦力として、次々に重要な業務を任されるようになりました。残業は22時まで及ぶことがあるものの、上司も先輩もハードワークをこなしながらAさんをサポートし、チームとして信頼関係を築くことができました。

一方、Bさんも入社早々、重要な業務を任されました。しかし、Bさんには、それが大きなプレッシャーとなりました。仕事が追いつかないうえに上司も先輩もなかなか帰らないので、ズルズルと連日22時前後まで仕事をする日々。Bさんはすっかりモチベーションを失い、転職活動をはじめました。

　ご覧の通り、AさんとBさんの働く環境や条件は一緒です。では、なぜふたりのエンゲージメント（会社に対する愛着・信頼や絆）は異なってしまったのでしょうか。これはひとえに、「会社に対する期待」の違いに要因があります。

　期待通り「成長できる環境」だと感じたAさんにとって、この会社は「いい会社」です。しかし、「安定して働ける環境」を期待していたBさんにとっては「いい会社ではなかった」ということになります。

　ここで「いい会社」の定義がはっきりします。社員にとって「いい会社」とは極めて主観的な概念であり、普遍的に誰にとっても「いい会社」というわけではないことです。あくまで個人の主観として、自分の期待する通りの環境であれば、「いい会社」だと捉えられる。**言い換えれば、「社員が期待する環境と、会社が提供する環境のギャップがない（少ない）会社」を「いい会社」だと定義することができます。**

組織におけるカルチャーを言語化し社内外に共有する

では、「いい会社」であるためには何が重要なのか。

その答えは「適切な期待値を設定する」ことです。

意思決定や情報共有の方法、権限委譲の度合い、残業の有無、働き方、コミュニケーション……。こういった業務遂行上のやり取りや環境、社内外で感じられる雰囲気や空気感のすべて、つまり「組織文化」や「企業風土」と呼ばれるものが、社員の期待値とズレないように設定されていることが大切です。

しかし、「組織文化」や「企業風土」は会社の歴史が積み重なりつくりあげられたものので、多くの場合きちんと明文化されてはいません。

組織文化・企業風土というものは、日本でも以前から組織論において語られる概念です。そして、最近ではグーグルやネットフリックスといったシリコンバレーの企業を中心に「カルチャー」を重要視する組織運営や人材育成が注目されています。この本では海外事例を踏まえたうえで、日本の組織における組織文化、企業風土を論じていきますので、「カルチャー」と総称して表現することにします。

組織におけるカルチャーは、企業にとっては無形資産となり得るものです。いわゆる「あうんの呼吸」と言われるように、暗黙知として共有され、その都度説明しなくても適切に物事が進んでいくわけです。

けれども言語化されていないだけに、厄介な問題を引き起こします。

「そういうカルチャーだとは知らなかった。入社してみてイメージと違って驚いた」

「組織変革によって会社のカルチャーが変わってしまった。もはや自分の好きだった会社ではない」――。

こういった不幸を生み出してしまうのは、期待値ギャップに起因しています。カルチャーが言語化されていないからこそ、会社側も社員側も、どちらも事前に察知することができず、エンゲージメントの低下や離職につながり、「気づいたときには手遅れ」となってしまうわけです。

この本で私が提言するのは、カルチャーを言語化し、可視化し、それを社内外に浸透させることで、企業と社員の期待値ギャップを減らし、**誰もが自分にとって「いい会社」を見つけられる「カルチャーモデル」を推進すべきだということ**です。

事業と組織は両輪と言われます。事業においては、ビジネスモデルが可視化され、その中で事業戦略が明示され、社内外に説明がされています。であれば、組織にも「カルチャーモデル」と言うべきものがあり、それが可視化され、社内外に説明がされるべきではないでしょうか。

つまり、「どういうビジネスを顧客に提供するか」と同等に、「どういうカルチャーを社員に提供するか」が重要であり、企業にはその説明責任があるのです。

これまで見えない空気のような存在とされてきたカルチャーが言語化され、社内外に共有化されることで、言行一致した組織を築きあげることができます。それが企業と社員の間の期待値ギャップをなくし、誰もが自分にとって「いい会社」で働くことにつながります。そして社員が会社に満足し、ロイヤルティ（忠誠心）高く働き続けてくれることが、企業が長期的に成長し続けるために重要な競争力となるのです。

マクドナルド、メルカリ、SHOWROOMに共通するカルチャーの重要性

「いい会社にしたい」

これは、私が社会人になってから一貫して想い続けている言葉です。

2005年、私は新卒で日本マクドナルドに入社しました。日本マクドナルドは当時、赤字からの建て直しの真っ最中。傍目から見れば、経営がうまくいかず、喘ぎ苦しんでいるような会社でした。

では、どうしてそんな会社に入社したのか。

同級生たちの多くは、金融や商社といった、「就職人気企業ランキング」上位に入るような、一般的に「いい会社」と言われるような会社へと入社していきました。

そんな彼らを横目に、「〝いい会社〟に入るより、〝よくない会社〟に入って、その会社を〝いい会社〟にするほうが、やりがいも学びも大きいのではないか」――。生意気にもそう思い、ランクインするべくもない、日本マクドナルドへの入社を決めたので

す(会社の名誉のためつけ加えておきますが、あくまで当時のマクドナルドが「よくない会社」に見えただけで、実際のところは優良企業です)。

それから3年経ち、5年が経った頃になると、同世代の友人たちからは自分の働く「いい会社」に対する不満や愚痴の声を多く聞くようになりました。飲みの席でのたわいもないネタとして言っていたのでしょうが、明らかに仕事がつまらなそうな姿も目にしました。「いい会社に入ったはずなのに、どうしてだろう?」そんな疑問を抱きました。

私はと言えば、現状の組織や仕事に対して課題に感じる点があっても、不満になることはありませんでした。そもそも私が「いい会社にする」ために入社したのですから。それどころか山積する課題の中、自らそれを解決していける仕事が楽しくてしょうがなかった。そんな環境で、いつしか「いい会社を選んだな」と思うようになっていました。

私が日本マクドナルドに入社したのは、〝プロ経営者〟と言われる原田泳幸氏がトップについた直後でした。日本マクドナルドは元々、創業者の藤田田氏がつくり上げた会社で、「社員は皆家族」といった極めて日本的な組織としてスタートしています。たとえば、社員が結婚すると、その妻の誕生日が来るたびに花束が家に届いていました。その上決算ボーナスを「奥様ボーナス」（＊1）として、妻名義の口座に振り込んでいたそうです（この制度は、私が入社する以前のものです。当時はまだ社員の多くが男性で、それだけ「内助の功」を重んじていたと言えます）。

こうした日本的な経営手法の会社から、原田氏へとトップが替わり、アメリカ法人が統括するグローバル企業へと転換を図り、２０１３年にはカナダ出身のサラ・L・カサノバ氏に社長のバトンを渡し、一層グローバル化を加速させました。

私はその間、マーケティング部長や社長室長という立場から、日本的な大企業から外資のグローバル企業へと変革していく姿を11年にわたり目の当たりにしてきました。そうした中で、日本に根差してつくり上げてきたローカルの現場の組織力の強さと、グローバル企業のブランド力の強さとの双方を、身にしみて感じました。

その後、メルカリというフリマアプリを手がけるＩＴベンチャーへ身を移し、人事や組織開発の責任者を務めました。メルカリは当時、ユニコーン（創業10年以内で時価総額10億ドル以上の未上場企業）として注目を浴びており、私が所属していたわずか2年間で、600人から1800人へと社員数が拡大し急成長するフェーズを経験。安定成長を続ける継続性が重要な外資系の大企業とは、極めて対照的な組織運営のスタイルを学びました。

直近では、オンラインでのライブ配信事業を行うSHOWROOMにて、COO（最高執行責任者）として経営から事業運営、組織運営に携わってきました。まだ100名ほどのスタートアップであるものの、自著がベストセラーとなり、メディアにもよく登場する前田裕二氏という稀有なリーダーが経営する、カリスマ起業家型の会社での経営経験もさせてもらいました。

私の経験してきたキャリアは、業界も職種も、組織規模も会社の国籍も、経営スタイルも、まったく異なるタイプの会社です。いずれもそれぞれ異なる独自の組織的な強みを持ち、それこそが競争優位の源泉となっていました。

そもそも、マクドナルドとメルカリの2社だけを例にとっても、ビジネスモデルからまったくもって違います。マクドナルドはリアルな場で店舗を運営する外食業。メルカリはオンライン上でユーザー同士が物を売り買いするＣｔｏＣプラットフォームを運営するＩＴ企業です。この2社は、いずれも直近の会計年度で過去最高売上を記録していますから、現段階では成功している企業と言っていいでしょう。

では果たして、これらの会社に共通する成功要因は何でしょうか？

それは「人を大切にしている」ところです。マクドナルドは「我々のビジネスは、ハンバーガービジネスではない。ピープルビジネスだ」と言い続け、店舗で働く社員やクルーのことを何よりも大切にします。メルカリは、「人材への投資を最優先する」と言い、常に働く人材を最優先して経営していました。

いずれも、ヒト・モノ・カネという経営リソースの中で「ヒト」を中心に据えた経営を標榜しているのです。これが企業としての競争優位となっているのは、経営に近い立場を経験して明らかに実感したことでした。

ただこれはこの2社に限ったことではありません。冒頭に述べたように「人を大切にしている」と謳う会社は数多くあります。実際、私はグロービス経営大学院で教壇に立つ中、さまざまな企業で働く受講生の実務相談を受けていますが、事業戦略やマーケティングの悩みよりも、人や組織に関する悩みのほうが多いのです。

そうした多くの会社と、人・組織が強みとなっている会社では、何が違うのでしょうか。日本マクドナルド、メルカリ、SHOWROOMでは、「最高の組織文化」を目指してカルチャーを設計、言語化し、社内外に浸透させることによって期待値ギャップをなくすように心がけています。そうすることで、エンゲージメントの高い社員が増え、組織力を強みとしながらビジネスを成功させているのです。

――カルチャーを言語化し共有化するために「カルチャーモデル」をつくる

この本では、カルチャーを言語化し共有化するための手法について、具体的な事例とともに触れていきます。実際にあなたの所属する組織において、カルチャーモデルを推進するための手引書となれば幸いです。

いまや終身雇用制が崩壊し、労働人口が減少し、雇用の流動化が進むなか、採用において「選ばれる企業」でなければなりません。先に触れたグーグルやネットフリックスといった会社は、給与体系や福利厚生だけで選ばれているわけではありません。カルチャーを重視し言語化することで、採用市場において優位に立ち、優秀な人材を採用することに成功しているのです。

カルチャーを言語化し「いい会社」をつくることは、人事担当者のみならず、各領域のマネージャーや経営者にとってこれから欠かせない営みとなることでしょう。

またこれは、会社単位というだけではなく、事業や部門といった組織単位でも検討可能ですし、小さなチームからでもスタートできます。カルチャーは人が集まるグループであれば、どこにでも生まれるものですから、企業に限らず、サークルやクラブ活動などの個人的なコミュニティにおいても応用できるはずです。

カルチャーモデルの推進によって、「いい会社」が増え、私のように「いい会社で働いているな」と、自然に感じられる社員がひとりでも世の中に増えること。ひとりでも多くの働く人が、自分の価値観と一致した、「働きやすい」と感じられる職場で働けること。成長しながら成果を挙げ、楽しく生き生きと働ける人が増えることを、心から願っています。

＊1　『毎年生まれる100万人にフォローされる商売を考えよ　金持ちだけが持つ超発想』藤田田（KKベストセラーズ）

第0章 なぜカルチャーが重要になるのか

第1章 カルチャーとは何か

第2章 どういったカルチャーをつくるべきか

第3章 カルチャーモデルをつくる

第4章 いかにカルチャーを言語化するか

第5章 カルチャーの浸透のさせ方

第6章 これからの経営とカルチャー

第０章

なぜカルチャーが重要になるのか

組織内でカルチャーがすり合っていると何がよいか

「弊社は人を大切にしています」「この会社の宝は、人です」――。経営者や人事担当者からしばしばそういった言葉が聞かれます。けれども果たして、本当に「人を大切にしている」と言える会社がどれだけあるでしょうか。

新卒として入社したら、一律に新入社員研修が行われ「社会人としての心構え」を叩き込まれ、個人の希望はほとんど叶わないまま、無作為に配属が決定する。仕事のやり方は上司や先輩から「見て覚えろ」「このフォーマットを使え」と、わけもわからないまま一方的に伝えられ、「こんな仕事に意味はあるのだろうか」と疑問を持った若手社員は、入社2、3年も経たずに辞めていく。

あるいは、転職社員。「会社の空気を変えてくれ」「忌憚なき意見で新しい事業をつくってくれ」と期待されながら、「ウチの会社のやり方」に馴染めず、周りのプロパー社員から「浮いた人」扱いされる。思うように周囲や他部署の協力が得られず、どんどん孤立していき、成果が出せずに低迷していく。チェンジリーダーは少しずつ「死んだ目」になって、会社の上層部は「期待してたほどではなかったな」と首をひねる。

そして、優れたリーダーのもと優れたプロダクトやサービスを生み出し、事業成長著しいスタートアップ企業がいざ急速に組織を拡大させるとき。やみくもに能力やスキルの高い社員を引き入れたことで、お互いあまりにカルチャーが違うことに戸惑い、次々と退職し、離職率が高くなっていく――。

こういった場面に遭遇したことが、きっとあなたにもあるでしょう。

だからといって、私は「このような会社は人を大切にしていない」と言いたいわけではありません。むしろ「人を大切にしている」と経営陣も人事担当者も考えていて、人の力に期待して人材を採用しているはずです。それでも、こうした不幸が起こってしまうわけです。

経営において、ビジネスとカルチャーは両輪

ここでお伝えしたいのは、企業は事業戦略として「ビジネスモデル」を考えるのと同様に、組織戦略として「カルチャーモデル」もロジカルに考え、同等の重要度で検討するべきだということです。

顧客が製品の「ブランド」に興味関心を持ち、惹かれ、好感を持つように、働く人が興味関心を持ち、惹かれ、好感を持つのは、企業の「カルチャー」です。

企業の多くは経営戦略を考える際、プロダクトやサービスといった事業の戦略から検討します。市場動向や自社のコアコンピタンス（核となる強み）、ターゲット、ポジショニングなどを踏まえたうえで、プロダクトやサービスを開発し、いかにそのブランドを顧客へ届けるか。カスタマーエクスペリエンス（顧客体験）を向上させ、顧客満足度を高めることが重要となります。

そうであるならば、組織戦略にも同じことが言えます。人材市場動向や自社のコアコンピタンス、ターゲット、ポジショニングなどを踏まえたうえで、自社らしい人事

制度や育成の施策を導入し、いかにそのカルチャーで優秀な人材の心を掴むか。エンプロイーエクスペリエンス（従業員体験）を向上させ、エンゲージメント（会社に対する愛着・信頼や絆）を高めることが重要となるわけです。

多くの経営者や人事担当者は漠然と「優秀な人がほしい」「ウチの会社に合う人に来てほしい」と考えているでしょう。けれども重要なのは、そもそも優秀とされるのはどんな人材で、自社に合うのはどんな人材なのか。そしてその後ろ盾となるカルチャーとはどんなものなのか、明らかにすることです。

さらにこの少子化の時代、人材市場の競争はますます激化しています。事業戦略やビジネスモデルを語るなら、そのもう一つの柱となる組織戦略やカルチャーモデルを考えなければなりません。

企業におけるカルチャーは事業にも直接的に影響し、戦略を設計するための羅針盤にもなります。「カルチャーの構築は経営戦略である」と認識するべきなのです。

シリコンバレーで注目される
カルチャーの重要性

海外へ目を向ければ、GAFA（グーグル、アップル、フェイスブック、アマゾン）をはじめ優れたテックカンパニーを中心に、カルチャーをもとにした組織運営や人事施策が広く知られるようになっています。

たとえば、グーグルでは、データアナリティクスをもとに考えられた人事施策についてまとめたサイト「re:Work（リワーク）」（＊1）において、成果を生むチームの条件を「心理的安全性」「相互信頼」「構造と明確さ」「仕事の意味」「インパクト」が重要だと定義しています。特に、チームメンバーがリスクを取ることをいとわず、お互いに対して弱みをさらけ出してもいいと感じられる「心理的安全性」の重要性に関しては、多くの方が指摘する通りです。

アマゾンでは、「働く人すべてがリーダーである」という考えのもと、「リーダーシップ・プリンシプル」（＊2）を公開。「顧客視点」「オーナーシップ」「革新と創造」「常に学び、好奇心を持つ」など14項目からなる行動指針を定めています。

最近ではネットフリックスの「カルチャー・デッキ」について、フェイスブックCOO（最高執行責任者）のシェリル・サンドバーグが「シリコンバレーから生まれた最高の文書の一つ」と評し、大きな話題となりました（＊3）。

『NETFLIXの最強人事戦略――自由と責任の文化を築く』（パティ・マッコード著・櫻井祐子訳・光文社）のなかでは「マネジャーは自分のチームだけでなく会社全体が取り組むべき仕事と課題を、チームメンバーにオープンにはっきりと継続的に伝える」「徹底的に正直になる。同僚や上司、経営陣に対して、時期を逃さず、できれば面と向かって、ありのままを話す」「事実に基づくしっかりした意見をもち、徹底的に議論し検証する」などが「企業文化を支える基本的な行動規範」として紹介されています。

これらの企業は高い生産性と国際競争力もさることながら、何よりも世界中から優秀な人材を集め続けています。彼らは高い給与や充実した福利厚生に惹かれるだけではなく、企業が明らかにしているカルチャーに惹かれ、共感し、働きやすさや働きがい、社会的なインパクトを求めて入社しています。カルチャーそのものが求心力となっているのです。

カルチャーは企業ブランディングにも直結する

あなたも自分の働く会社を選ぶとき、「(会社名)　評判」と検索したことがあるかもしれません。インターネットでは「OpenWork(オープンワーク)」や「en Lighthouse(旧名：カイシャの評判)」といった社員の口コミや評判をまとめたサイトや、ソーシャルメディアの書き込み、ブログの退職エントリなど、実際にその会社で働く社員のリアルな声を目にすることができます。

そこで「上司の言うことが絶対で、反論できない雰囲気」「社員が社長の顔色ばかり見て仕事をしている」などの口コミが書いてあれば、どんなに企業の公式サイトで「オープンマインド」「トランスペアレンシー(透明性)」「フラットな社風」といった耳触りのいい言葉が並んでいても、信じられなくなってしまうでしょう。

カルチャーは、企業としての「ブランディング」に直結するものだと言っても過言ではありません。

インターネットの発達やソーシャルメディアによって、誰もが発信することが当たり前になりました。どんなに企業がコーポレートサイトやリクルートサイトに投資して、「素晴らしい企業」と印象づけようとしても、実態が伴わなければ、それを隠し通すことはできません。

そしてカルチャーは社員のみならず、消費者やユーザーの行動にも影響します。たとえばアウトドアブランドのパタゴニアでは、ミッション・ステートメントを「私たちは、故郷である地球を救うためにビジネスを営む」と定め、「最高の製品をつくる」「ビジネスを手段に自然を保護する」など4つの行動指針を掲げています（＊4）。消費者はこうしたパタゴニアの理念や姿勢に共感し、製品を購入し、ブランドのファンとなっているのです。

企業に対する期待が予想通り、あるいはそれよりも上回ったとき、社員、あるいは顧客のエンゲージメントは高くなります。その反対に「思ったような会社ではなかった」「期待していたほどの製品ではなかった」と感じるようであれば、社員は会社を辞め、顧客は二度と製品やサービスを購入しないでしょう。「期待値ギャップ」は社員はもちろん、顧客にも関わることです。

顧客は、企業の製品やサービスを通じて、企業ブランドを感じ取ります。しかし、その製品やサービスを提供しているのは、あくまでその企業の社員である人材です。つまり、社員一人ひとりの行動や言動そのものが、企業のブランドイメージに大きく影響することになります。**逆に言うと、自社ホームページなどでどんなに聞こえのいいことを書いていても、社員一人ひとりがそれを体現していなければ、顧客の中に適切なブランドイメージを築くことはできません。**ブランドとは企業側だけで決定できるものではなく、本質的には顧客の頭や心の中にあるものだからです。だからこそ、カルチャーを社内に浸透させることで、一人ひとりの社員の行動・言動を通して企業ブランドを顧客へと正しく伝達する必要があるのです。

企業としてどんなカルチャーを目指し、製品やサービスを通じてどう体現しているのか。そのカルチャーが実態を伴うものであるかどうか、そしてそれをいかに社内外へ浸透させるかが、カルチャーモデルを推進するうえで重要なのです。

顧客の企業に対するブランドイメージはどのように創られるのか

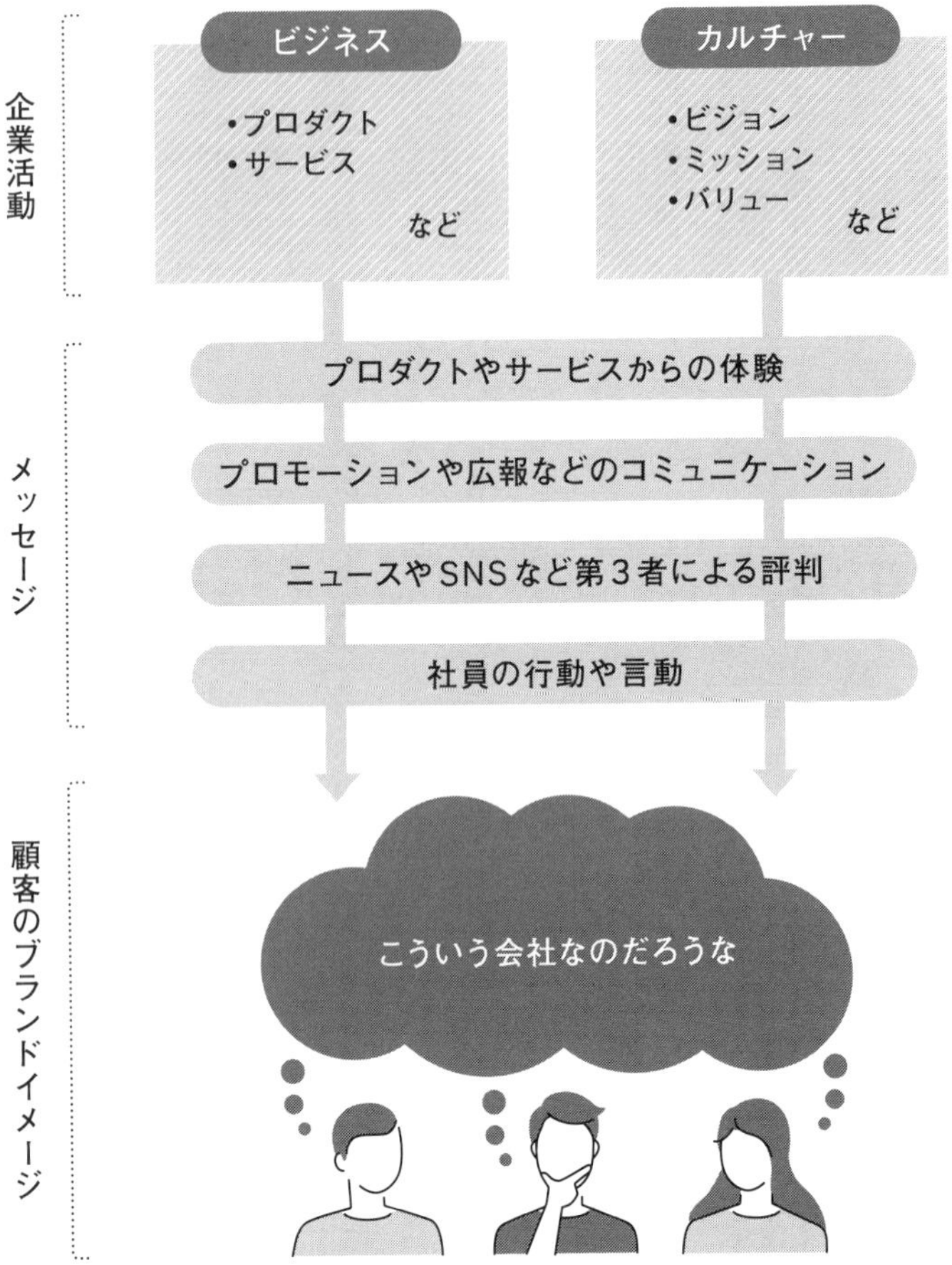

カルチャーがビジネスのスピードを圧倒的に速くする

スタートアップの経営者は事業の拡大とともに組織が拡大していくとき、こんな壁にぶつかることがあります。社員がトップに「お伺いを立てる」ばかりで、トップが何もかも意思決定しなければ物事が進まない。「お前に任せる」と部下に権限委譲したところ、自分では想像もしない意思決定をして、失敗してしまった——。「自分があと10人いれば、この会社はもっとうまくいくのに」。優れたリーダーほど、そう考えてしまうことは多いでしょう。

こうした「悲劇」がなぜ起こってしまうのか。それはひとえにカルチャーが浸透していないからです。

カルチャーはいわば、会社にとって何を優先すべきで、どんな意思決定をし、どんな戦略を立てるかを考える際、指針となる羅針盤のようなもの。会社のトップやリーダーに成り代わって、目に見えないところで働いてくれる優れものです。

たとえば、1年前に立ち上げたばかりの新規事業がなかなか利益を出せず、ずっと赤字を垂れ流しているとします。はじめのうちは意欲に燃えていたチームメンバーも、少しずつ疲弊し、モチベーションを見失いつつある。

そんなとき、事業責任者はどうすべきでしょうか。「つらい時期だけど、市況が上向けばまだ見込みはあるはず。なんとか細かく数字を積み上げてくれ」とハッパをかけるのか。それとも「立ち上げ期とは状況が変わってしまった。競合のほうが圧倒的にシェアを取っているし、投じる資金力にも差がある。ここは大きな傷にならないうちに撤退して、新たなビジネスモデルを検討するべき。他部署にも呼びかけて可能性を探ろう」と考えるのか。どちらが「正しい」判断となるのでしょうか。

このとき、会社によってその「正しさ」は違います。バリューで「顧客志向かつ長期的な目線で考えよう」と示されている企業であれば、前者を選択し、より顧客目線でサービスを検討し、カスタマーエクスペリエンスを向上するための施策を考えることになるでしょう。あるいは「スピード！　どんなときにもスピード重視で考えよう」というバリューを持つ企業なら、後者の選択を取り、一から仕切り直す道を選ぶでしょう。

ここで一つ、具体的な例を示しましょう。経済産業省及び環境省により、２０２０年７月からレジ袋の有料化が制度化されました。これへの対応として、コンビニ最大手のセブンイレブンはレジ袋の有料化を発表する一方で、北海道でコンビニを展開するセイコーマートはレジ袋の有料化を延期する判断をしました。いずれも、レジ袋のバイオマス素材の配合率が25％を超えているため、政府のガイドラインによれば、有料化は必須ではありません。しかし、企業の対応はこのように分かれたのです。

セブンイレブンは、「私たちは　いかなる時代にもお店と共に　あまねく地域社会の利便性を追求し続け　毎日の豊かな暮らしを実現する」という企業理念を掲げており（＊5）、２０１９年にセブン＆アイグループが発表した「グリーンチャレンジ２０５０」という環境宣言でCO_2排出量削減などの目標を設定しています。セブンイレブンはこうした理念で組織が一貫して動いているため、「有料化」に踏み切ることでレジ袋の使用量を減らすことを優先する対応を取ったと考えられます。

対してセイコーマートを運営するセコマグループでは、「ここにあるおいしさを、お手ごろに」というタグラインを掲げています（＊6）。彼らは、バイオマス素材の配合率を高めて環境には配慮しつつも、「お手ごろに」という方針に沿ってお客様の負担が増える選択肢を取ることはしなかったということです（新型コロナウイルス感染症拡大の影響で経済に打撃があったことが理由だとも説明しています）（＊7）。

この事例は、どちらが正しい対応だったかということではなく、カルチャーに沿ったその会社らしい納得感のある意思決定をそれぞれ行っているという点に意味があります。

企業としてビジョンやミッション、バリューなどを明確にし、そのカルチャーを醸成していれば、こうした意思決定を行う際の不要な議論を避けることができます。ビジネスにおいては、50：50で判断に迷うようなケースでの判断が求められます。そうしたときに、正解のない中で延々と議論するのではなく、自社のカルチャーのもとにスピーディに判断し、ビジネスを前進させることができます。意思決定後も、「なぜそうするのか」を周知することに時間をかける必要はありません。「確かにウチの会社なら、そうすべきだよね」と誰もが納得するようになるのです。

そして、カルチャーが浸透していれば、重要な意思決定に際し、経営層の指示をその都度仰ぐのではなく、担当チームレベルでも一定の方向性を示すことができます。それが可能になれば、ビジネスのスピードは飛躍的に上がるでしょう。

この変化の激しい時代、組織内でコンセンサスを取るのに時間をかけていては、時流の変化についていけません。**カルチャーは、スピード感を持ってビジネスを推進するのに不可欠なものなのです。**

意思決定が統一され、無駄を省くことで生産性が高まる

この数年で多くの企業は「働き方改革」に取り組んできました。在宅勤務制度やフレックスタイム、ノー残業デーや長時間労働の削減。「午後9時になるとフロアが一斉消灯される」「会議室は午後8時以降予約を取れない」など、物理的な制約をかけることで、社員の勤務時間を削減した企業もあります。「部下の残業削減を評価指標に入れた」というマネージャーもいるでしょう。

その結果、何が起こったか。オフィスから早く帰っても、家に仕事を持ち帰ったり、隠れて休日出勤したりする社員。「とにかく早く帰れ」とばかり指示するマネージャー。あげく肝心の売上目標が達成できなかったり、時間管理ばかりに業務時間を割かれ、肝心の仕事がなかなか進まなかったり……と、「名ばかり働き方改革」に疲弊

する人が続出することになりました。無理もありません。もともとあった仕事に加えて「働き方改革をするための仕事」が増えたのですから。

これもある意味、「制度やルールに縛られ、思考停止した」ことの弊害と言えます。時間を削減することが目的となり、本来の仕事の目的を見失ってしまったのです。

これがもし、カルチャーをすり合わせた企業であれば、「やらなくていい仕事」を捨てることができます。

企業のバリューに「カスタマーファースト」と示している企業であれば、お客様のためにならない仕事は、優先順位の低いものとなります。「毎日上司に１日の業務報告と売上実績、翌日以降の予定と見込みの報告メールをする」のがルールとなっているのなら、それはお客様のためになっているだろうか？　という考え方が働きます。それなら、課内全員の予定一覧がカレンダーで共有され、数字だけ入力すればＯＫのスプレッドシートを共有し、週次のミーティングなどで見込みを報告したほうが、よっぽどお客様のために時間を使えるはずです。

あるいは、週次で各部門を集めて会議を行い、事業計画や目標の進捗状況を報告している企業が、バリューに「透明性」と掲げているなら、その会議に参加しなければ知り得ない情報があるのは問題です。各部署のデータや施策、企画や議事録をすべてイントラネット上に公開し、いつでも共有できるようにする。そうすれば、いちいち部長が部下に会議の内容を報告するだけの時間を取る必要はありませんし、現場レベルで経営陣がどんなことを検討し、どんなプロセスで意思決定しているか、わかるようになります。

会社としてのカルチャーが浸透し、意思決定の前提条件が揃うことで、無駄な仕事を減らすこともできるのです。

また、経営会議において、こんなことも起こります。「人によって言っていることが違う」現象。たとえば福利厚生制度を検討するにあたって、「住宅手当を支給してほしい」という要望が複数の社員から出ているとします。人事部長は「新卒の内定辞退も増えていて、競合他社の給与水準と比べると確かに見劣りするところもある。ぜひ検討したい」と答えたものの、財務部長は「この時期に実質的な給与アップを検討する余裕はない」と言っている。経営企画部長は「一律支給より、インセンティブとして設計したほうが社員のモチベーションにもつながる」と話す。こうして議論は平行線をたどり、結果が先送りされてしまうのです。

これはそれぞれの立場で意見されているため、一見すると意味のある議論のように見えます。けれどもあくまで各領域の観点からの考えにすぎず、会社にとっては何が最善なのか、判断軸がブレてしまいかねません。

こういったとき、たとえば「自主性と自律性を尊重する」というバリューがあれば、一律手当でなくインセンティブとして支給したほうがいいでしょうし、「地域に貢献する」というバリューがあれば、「会社から３ｋｍ圏内に居住していれば、月に２万円の住宅手当を支給する」ことに妥当性があるでしょう。

このように、企業のカルチャーが醸成されることで判断軸が定まり、一貫した意思決定をスピーディに行い、生産性を向上させることができるのです。

カルチャーを社外に発信することで協業の成功度も上がる

企業のカルチャーは社内だけでなく、社外へ発信することも重要です。それには主に2つの理由があります。一つは社外パートナーとのプロジェクトを円滑に進めるため。もう一つは、採用活動や人材育成を優位に運ぶためです。

昨今、企業のなかだけで完結する仕事は少なくなってきました。業務が高度化し、顧客ニーズも多様化するなか、より専門知識を持った企業や人とコラボレーションしたり、顧客の感性に近いモニターとともに商品開発したりする事例も増えてきました。大企業がスタートアップと組んで新規事業開発を行ったり、ブランドのファンからアイデアを募り、商品企画を行ったりすることもあります。

一方で、「スタートアップ向けにハッカソンを行い、共同事業を推進するパートナー探しを行ったけど、ものわかれに終わってしまった」「デザイン会社に依頼し、ブランドの大幅リニューアルを図ったものの、期待するような売上の伸長は得られなかった」といった声も聞かれるようです。

ここで起こっているのは、いわゆる「カルチャーギャップ」。相手とのカルチャーの違いを正しく認識しないままスタートした結果、すり合わせが不十分となり、成果につながらなかったということです。これまでも日系企業と外資系企業の間でしばしばそういったことが生じていましたが、いまや日本企業のカルチャーも多様なものとなり、企業同士のカルチャーの相性によって事業が成功するか否かも決まってくるのです。

たとえば金融機関がテック系スタートアップと組み、フィンテックを開発するプロジェクトがあったとします。かたや「信頼」「安心安全」をバリューにし、かたや「イノベーション」を標榜するような企業。当然、そのカルチャーは異なります。

ただ、その違いをそれぞれの強みと捉え、総和としてうまく掛け合わせれば、互いの弱みを補完しあい、優れたプロダクトを開発することができるでしょう。金融機関から高い堅牢性を求められても、「大企業はこんな細かいところまで気にしなければならないのか」と、スタートアップにとって学びになりますし、大企業は「これほど意思決定をスピーディに行うのか」とスタートアップから学ぶ。そうやって、協業を通じて互いのカルチャーを認め合い、「相手の仕事のやり方」を理解することで、業務を遂行する質とスピードは上がっていきます。

最も避けるべきは、「言っていることとやっていることが違う」ことです。たとえば大企業がスタートアップに対して「パートナーとして気づいたことがあれば率直に指摘してほしい」「フラットな立場で対等にお付き合いしたい」と言っていても、実際業務を進めてみて、相手の不備を指摘すると、明らかに態度が悪くなり、プロジェクトの進行に支障をきたしてしまう。あるいは当初の予定以上に工数のかかるような仕様に変更することになり、見積もりの見直しを要望すると、「それは困る」と突っぱねてしまう――。

こうした食い違いは、そもそも大企業側のカルチャーとして「フラット」は馴染まなかったのに、スタートアップに「いい顔」を見せようと繕ってしまったところに原因があります。

重要なのは、自社のカルチャーを率直に伝えること。お互いの本来的なカルチャーを理解することで、期待値ギャップを減らすことです。それぞれが異なるビジョン・ミッション・バリューを持ち、違うカルチャーを持っているなかでは、業務の進め方やコミュニケーション一つ取っても違いが現れます。しかし、それらを継続的にすり合わせ、議論するなかで、カルチャーへの理解は深まっていくはずです。

カルチャーが最も影響するのは採用

カルチャーが対外的に最も影響するのは、採用です。どの企業も優秀な人材を自社に迎えたいと考えているでしょうが、採用活動は年々、困難を極めています。それは何も少子化による労働人口の減少だけが理由ではありません。

かつては新卒一括採用でとにかく「高い学歴でコミュニケーション能力に長けた学生」を採用し、「自社のカルチャーに染めあげる」のが一般的なものでした。入社年次ごとに「同期」というう横のつながりがあり、先輩社員の横について「見て覚えろ」と仕事のやり方を習う。「日本の上場一部企業なら一生安泰」というイメージがあるなか、入社する社員側も、少々理不尽なことや疑問に思うことがあっても、「仕事というのはこういうもの」「頑張っていればいつかは報われる」と、納得して仕事をしていました。

けれどもZ世代（1996~2012年生まれ）と呼ばれる若い世代は「自分らしさ」「個

人」を尊重することが当たり前になっています。かなりのコストをかけて新卒採用を行っても、「自社のカルチャーに染める」までもなく1、2年で退職してしまう若手社員も多く、そもそも「会社のカルチャーに染められる」ことに対する拒否反応もあります。

さらに日本の大企業に対する信頼は薄れ、「〇千人の人員削減」「経営破綻」といったニュースが日々駆け巡ります。いったん就職したからといって、安泰ではありません。社員は企業で働きながらも、「どの企業なら働きやすいだろうか」「どこが自分自身の成長につながるだろうか」と、企業の公式サイトや口コミサイト、求職者のコミュニティなどで情報収集して、大企業やスタートアップを同じ評価軸で見定めているのです。

そうなれば当然、企業側も「対外的な見え方」を意識するようになります。昨今「採用ブランディング」「採用広報」といった言葉が取りざたされ、コーポレートブランディングを踏まえた採用活動が行われています。

企業としてビジョン・ミッション・バリューを世の中に提示し、ロールモデルとなる社員たちの想いや働きぶりをオウンドメディアやＳＮＳで積極的に発信し、その価値観やカルチャーに共感してくれるような人を採用するのです。

これは採用の際、ある種のフィルタリングとして機能します。企業と求職者双方にとって、採用時点でのミスマッチを防ぐことにつながるのです。

一方で、ここでも期待値ギャップを減らす「期待値コントロール」が重要になってきます。

どんなに「私たちの会社はオープンかつフラットです」とカルチャーを対外的に発信し続けていても、実際に入社した社員が「思いついたアイデアを部長に提案してみたら、課長から『なんで俺を通さないんだ』と怒られてしまった」「トップの思いつきで重要事項が決定して、問答無用でそれに従わなければならなかった」という経験をしたらどうでしょうか。当然、「オープンでもフラットでもないじゃん！」と社員の期待は裏切られます。そういった積み重ねがエンゲージメントの低下を招き、退職理由となり、社員の口コミサイトなどにも書き込まれるのです。そして、「実はあの会社、わりとトップダウンで社長がワンマンらしいよ」といった評判につながれば、せっかくのコーポレートブランディングも意味がありません。

会社に興味を持ってくれたはずの優秀な人は「どうも評判が良くなさそうだな」と警戒し、なかなか採用につながらなくなってしまう。苦肉の策で引き入れた人は定着せず、組織が疲弊していってしまう。素晴らしいビジョン、ミッションを掲げていたにもかかわらず、どんどん理想と現実が乖離していく――。そうやって、負のスパイラルに陥ってしまうのです。

いずれにせよここで重要なのは、会社のビジョン・ミッション・バリューを有名無実化させず、いかにリアルな「カルチャー」として根づかせるか。そしてそれを社内外に発信し、社員、社外パートナー、取引先、お客様、株主……あらゆるステークホルダーが「確かに、それってこの会社らしいよね」と思えるかどうかです。

目指すビジョン・ミッションやバリューを柱にカルチャーを醸成し、それを社内外に発信し、浸透させることで、事業の成功や成長につながる。そして、人事採用や組織開発もうまくいき、それがさらに事業成長につながるというポジティブなスパイラルを生み出すのです。

メルカリでは人事のことを「ピープル＆カルチャー」と呼んだ

ここまで、カルチャーを浸透することの重要性を4つの観点から見てきました。そして、日本でも少しずつではありますが、カルチャーを重要視し、事業戦略に並ぶ柱として取り組む企業は出てきています。わかりやすい事例として挙げられるのは、メルカリでしょう。

メルカリではミッションを「新たな価値を生みだす世界的なマーケットプレイスを創る」として、それを実現するために「Go Bold（大胆にやろう）」「All for One（全ては成功のために）」「Be a Pro（プロフェッショナルであれ）」の3つのバリューを掲げています。

私は2017年9月にメルカリへ入社し、組織規模がおよそ3倍に急成長を遂げるさなか、約2年にわたって組織開発や人事施策に取り組んでいました。ビジネスモデルが多様化し、組織の急成長と外国籍採用などダイバーシティも高まるなか、特に注力したのがカルチャーの言語化と浸透でした。

入社当初、私は社長室所属として人事制度の設計などを進めていましたが、「ＨＲグループ、労務グループ、総務グループを統合し大きな組織に束ねたいので管掌してほしい」と、小泉さん（当時取締役社長で、現取締役会長の小泉文明氏）から話をもらいました。そうして、２０１８年4月から、人事・組織開発の責任者として、採用から制度設計、育成、労務といった人事全般から、組織開発までに取り組むこととなったのです。

社長室の立場で俯瞰的に組織を見て、多くの社員とコミュニケーションをとってきた私の目には、メルカリの強みであり、競争優位の源泉はまさに「人」だと捉えていました。メルカリで働くメンバー一人ひとりが、その急成長を支え、不可能を可能にしていったと言っても過言ではありません。

最初に、統合した組織の名称をどうするかを考えました。「名は体を表す」ということわざの通り、名称はその部門の役割やミッションを規定するため、とても重要です。統合後の組織の役割や責任範囲からすると、一般的には「人事総務」や「ＨＲ」と言われる領域ですが、私はそうした名前に違和感がありました。

ＨＲとはつまり、ヒューマンリソース。「ヒト」を「モノ」「カネ」と並ぶ経営資源の一つとみなすため、その有効活用と効率性が求められます。けれども私たちは「人」です。労働条件や労働環境を調整するだけで、自動的にモチベーションやパフォーマンスが上がるものではありません。**もっと人として……一人ひとりの価値観を大切にして、自分らしく働ける企業でありたいと考えました。**そのほうがメルカリらしいと考えたのです。

また、総務という部門の役割の特性上、どうしても「なんでも屋さん」になって雑用ばかりに追われがちで、働く意味を見失ってしまう恐れがあります。本来、総務の仕事は、メンバー一人ひとりが個々の仕事に集中できるようにサポートをし、チームの垣根を超えて組織の生産性向上に貢献することです。特にメルカリの総務は、コミュニケーションの活性化を通じて、バリューを浸透させることを目的として活動していました。

「人事総務本部」ではなく、他にふさわしい名前があるのではないだろうか。私はそうチームに呼びかけ、ディスカッションしながら、自分たちの仕事の目的や意味を再定義し、より誇りを持って働ける名前を考えました。それが「ピープル＆カルチャー」というものです。

私たちはメルカリにおいて、ピープル＝人にフォーカスし、カルチャーを浸透させる。それこそが自分たちの役割だと規定したのです。そして、チームのメンバーは皆、人やカルチャーといった、本来の自分たちの存在意義や組織の目的やミッションに沿って、自発的に生き生きと働いて、大きな成果を挙げていったのです。成果を挙げてくれたのはチームの仲間であり、僕は本当にチームメンバーに恵まれました。

マクドナルドの復活を支えた「4つのアクション」宣言

もう少し、私の話を続けましょう。私が日本マクドナルドに入社したのは2005年、原田泳幸氏が代表取締役会長兼社長兼CEOに就任し、デフレ不況下で傾いた業績の巻き返しを図ろうとしていました。

アップルの日本法人を率いた原田氏の手腕のもと、日本マクドナルドは不採算店舗の整理を進め、新商品・サービスを投入し、5年ほどで業績を回復させました。けれどもその勢いにも陰りが見られ、売上高が減少に転じた2013年、原田氏に代わって、サラ・カサノバ氏が代表取締役社長兼CEOに就任しました（念のため強調しておきますが、両名とも素晴らしい経営者で、本当に多くを学ばせてもらいました）。

サラ（普段からSarahとカジュアルに呼ばれることを好んだのであえてサラと呼びます）は、私が新入社員として配属されたマーケティング本部で当時、本部長を務めていました。彼女は社会人になりたての私にも、「あなたはどう思う？」「なぜそう考えたの？」と問いかけ、一人ひとりの意見に耳を傾ける人でした。そんなサラがＣＥＯに就任したことで、組織風土の変化が徐々に起こっていました。

トップダウン型で強力に改革を推し進めてきた原田氏のマネジメントに慣れていた組織は、サラの「あなたはどう思う？」「なぜそう考えたの？」という問いかけに慣れておらず、当初は困惑しているように感じられました。「早くサラに決めてほしい」「どうしてサラは指示をしてくれないのだろう」……。トップダウン型の組織からボトムアップ型の組織へのトランスフォームに苦労しているように私の目には映っていました。そうした中、さまざまな要因が重なり、２０１４年、２０１５年と2期連続で日本マクドナルドは赤字を計上することとなります。

業績の立て直しに取り組む２０１５年、社長室長に就任した私は、組織を覆ういわゆる停滞感のようなものをなんとかしなければならないと考えました。ボトムアップ型の組織へと変革し、会社としての成功体験を積むために、プロジェクトを立ち上げました。社員一人ひとりが働く意義を見つめ直し、自分たちの「バリュー（行動指針）」をつくり出すプロジェクトです。

全国各地にある店舗には、既に「Q・S・C＆V」という行動指針がありました。「Q・S・C＆V」とはつまり、「Quality（品質）・Service（サービス）・Cleanliness（清潔さ）＆Value（価値）」のこと。Q・S・Cを徹底することによって、お客様に最高の店舗体験という価値を届けようということです。Q・S・C＆Vは全国全店に浸透し、非常に強い行動指針として機能していました。けれども、これは店舗でこそ有効な行動指針ではあるものの、本社で働くメンバーにとって何を大切にすべきなのかが明文化されていなかったのです。

そこで、本社スタッフから公募制でメンバーを集め、プロジェクトチームを編成。本社にいる約６００名の全社員も巻き込んで3カ月にわたりワークショップなどを開催し、本社スタッフの行動指針をボトムアップ型で考えました。その結果生まれたのが、「Be! CUSTOMER（まずはお客様になって考えよう！）」「Go! GEMBA（まずは現場に行こう！）」「Work! TOGETHER（まずはチームで取り組もう！）」「Act! FIRST（まずは発言・行動しよう！）」という４つのアクション宣言です。

自分たちの課題を洗い出し、行動をどう変えるべきなのか。お客様に最高の店舗体験を届けるために、自分たちにはどんなことができるのか。本当の意味で自分ごととして考え、課題から自分たちの大切にすべきバリューを定めたことで、組織のカルチャーは少しずつ変わっていきました。社長の指示を待つのではなく、率先してアイデアを出すこと。しかもそのアイデアは、現場の課題や要望を踏まえ、顧客ニーズをつかんでいること……。このようにして、日本マクドナルドの本社におけるカルチャーは徐々にボトムアップ型のスタイルに馴染んでいったのです。この活動は数ある業績回復のための施策のごく一部ですが、翌年の２０１６年には黒字に転じ、日本マクドナルドは復活を遂げることができました。

もちろん、マクドナルドのＶ字回復は、約３０００店舗の店長はじめ、現場のスタッフ一人ひとりの努力あってこそのことです。現場の強さこそが、マクドナルドの最大の強みであることは間違いありません。一般的に、業績が悪いときは、後ろ向きな言動が増えたり、他部門のせいにしたりと、組織の雰囲気は悪くなりがちなもので

日本マクドナルド経常利益推移

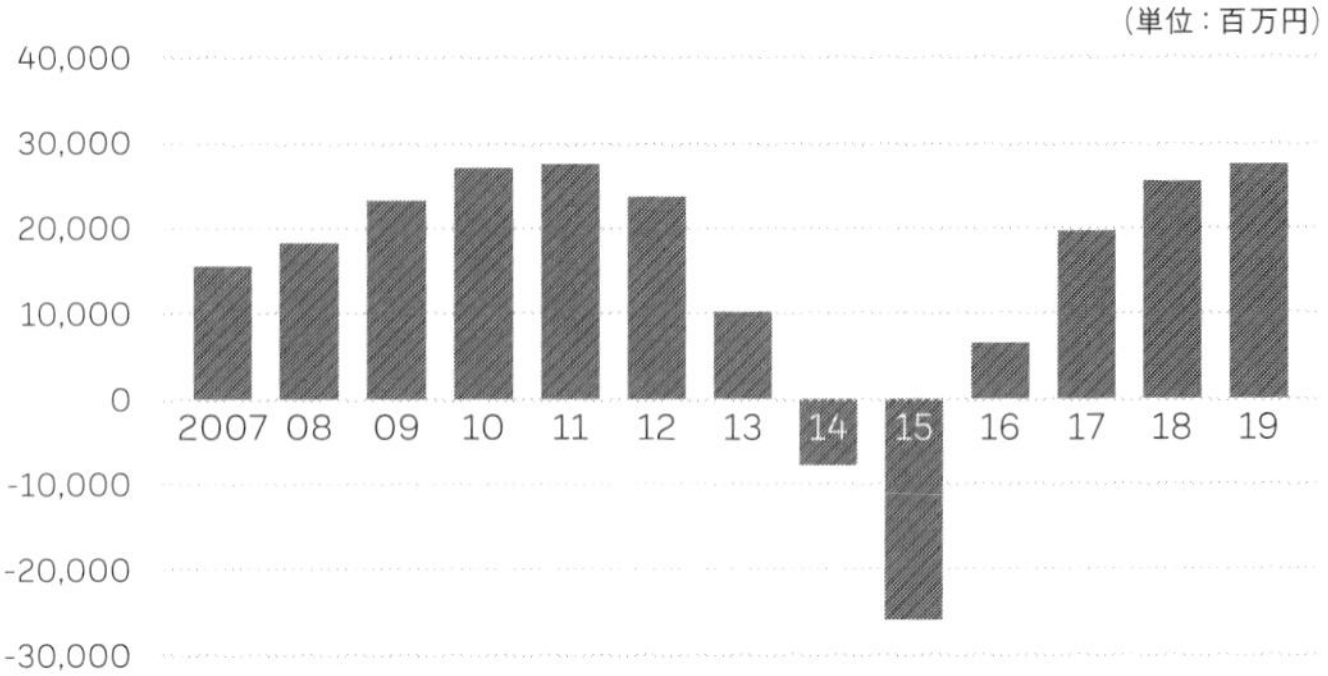

出典：日本マクドナルドホールディングス株式会社「第49期 2019年（令和元年）12月期データシート」をもとに作成

す。そうしたときでも、マクドナルドでは本社が一枚岩となって店舗スタッフをサポートし、全社一丸となってお客様のための行動を取るべく努力していたのです。

業績回復は、マーケティング活動や、クルーの採用・育成の支援、サプライチェーンによるコスト最適化など、あらゆる活動を一つ一つ積み重ねた結果です。これは個人的な見解ですが、「4つのアクション宣言」という形でバリューを可視化し、カルチャーを醸成したことが、組織としての連動性を高め、たくさんの活動を推進することに大きく寄与していたと、私は感じていました。

「カルチャー」を言語化し、会社の強みにする

ここまで、私自身の体験を交えて、カルチャーに着目する背景、その重要性をお話ししてきました。メルカリもマクドナルドも、人の力を信じ、社員一人ひとりの行動・言動によって、組織としての成果が大きく変わることを経営陣が強く認識しています。**個の力を最大化し、組織力を高め、企業としての成長を加速させていく。**これが可能であれば、きっと社員は楽しく幸せに働けますし、会社としての業績も上がり続けます。そうした組織であるためには、「カルチャー」の存在こそが肝要であり、競争優位そのものになると、私は考えています。

一方で、「そもそもカルチャーとは何か」「企業文化や組織風土と何が違うのか」「ミッション、バリュー、ビジョンとどう関連するのか」など、混同されやすい言葉

や考え方がいくつもあるため、疑問を抱かれている方も多いと思います。あまりに漠然と語られているので、あなたが働いている会社や取引先の会社、あるいは一消費者やユーザーとして製品やサービスを購入している会社について、どんなカルチャーなのか、ハッキリと言い表すことは難しいでしょう。

「オープンな雰囲気」「上司も部下もフラットに話し合える」「自由な空気にあふれている」……そういった言葉が出てきたとしても、それらは数値的に定量化されたり可視化されたりするものではなく、それが会社の業績や個人のパフォーマンスにどう寄与しているのか、検証するのが難しいものでした。

――カルチャーの実態を検証することが可能となった

ただ、最近では「ピープルアナリティクス」と言って、人事領域にテクノロジーの力を活かし、分析したりスコア化したりする動きが出てきています。社員のカルチャー、ビジョン、ミッションへの共感や働きやすさ、働きがい、信頼の度合いをスコアリングし、エンゲージメントスコアを算出するなど、カルチャーが個人やチームのパフォーマンスにどんな影響を与え、どんな意思決定や行動をもたらすのか、可視化や数値化できるようになってきました。

これにより、企業側が意図をもってカルチャーを設計し、それが本当に一人ひとりの日々の行動や言動に現れているのかを何らかの尺度で測り、浸透度合いを確認することも可能となったのです。

空気のような存在でもあるカルチャーを的確に表現する言葉を見つけ、言語化することは確かに簡単なものではありません。しかし、このようにカルチャーの実態を検証できるようになったため、カルチャーを適切に言語化することは可能と言えるでしょう。

カルチャーの言語化を怠ったがために起こる悲劇

とはいえ、こんな疑問を抱く人もいるでしょう。「カルチャーはあくまで社員一人ひとりの行動の結果として醸成されるものであって、上司や同僚と一緒に働くなかで暗黙知として共有され積み上げられたことの結果にすぎない。無理に言語化するとその言葉尻に縛られ、本来のカルチャーとは異なった解釈がされ違った形で伝わってしまうのではないか」と。

もちろん言語化しようがしまいが、結果として醸成されるカルチャーは存在します。けれども「言語化すべきではない」とする考えは、明確に否定します。**カルチャーを言語化せず、意図しない結果として出来上がったカルチャーが、組織を腐らせる可能性があるからです。**

たとえば、記憶にも新しい東芝の不正会計問題。2015年、東芝が利益を水増しして違法な会計処理をしたことが判明しました。これは特定の個人が問題を隠蔽しただけではなく、組織ぐるみの企業文化の問題だったという報告が第三者委員会からなされています（＊8）。

当然、不正会計はやってはいけないと当時の担当者もわかっていたでしょうが、「上司にものが言いにくい雰囲気」や「利益をこれ以上減らせないプレッシャー」といった、見えない空気感が不正を推し進める原因となりました。東芝は再発防止策を発表し、遂行してきたようですが、２０２０年には子会社の架空取引が明らかとなり、未だ根深い問題となっています（＊9）。まさにカルチャーが暗黙知として作用し、結果として悪さをしてしまった悲劇です。

これを反面教師として言えることは、醸成されるカルチャーが、組織の無形資産として活用できるほど良いものであるとは限らないということです。こういった事態を避けるには、企業としてどんなカルチャーを目指すべきか、何が理想なのかを言語化し、意図的にカルチャーを設計することが重要なのです。

見えなかったカルチャーを意図的に設計し、言語化し、浸透させる

そこでまず第1章では、カルチャーとは何か。ビジョン、ミッション、バリューといった言葉との関係性と全体像を、図案を交えて整理していきます。第2章から第5章は実践編。どういったカルチャーをつくり、それをいかに社内外へ浸透させていくべきなのか、具体的なプロセスを提示します。第6章では、テクノロジーの進化を踏まえたうえで、これからの組織におけるカルチャーについて考えていきます。

組織開発における「カルチャー」を解き明かすことは、目には見えない空気や雰囲気を可視化するような試みかもしれません。

しかし、これまでただなんとなく生まれていた「働きやすさ」「働きがい」を作為的に生み出し、働く人のモチベーションとパフォーマンスを上げ、属人化していた意思決定をスピーディにし、変革の時代を乗り切る手助けとなるはずです。

＊1　(https://rework.withgoogle.com/jp/guides/understanding-team-effectiveness/steps/identify-dynamics-of-effective-teams/)

＊2　(https://www.amazon.co.jp/b?ie=UTF8&node=4967768051)

＊3　「閲覧320万回：Facebookのシェリル・サンドバーグが「最高のシリコンバレー文化」と絶賛したNetflixの企業カルチャー・ガイドとは?」(『TechCrunch Japan』https://jp.techcrunch.com/2013/02/01/20130131read-what-facebooks-sandberg-calls-maybe-the-most-important-document-ever-to-come-out-of-the-valley/?guce_referrer=aHR0cHM6Ly93d3cuZ29vZ2xlLmNvbS8&guce_referrer_sig=AQAAAD1nKT31tGGvf2jMuHhahnDfY3hQNh7GSFXenZPHIk96OYMl9_hWOwXw73yVhsNDlv6v5-nCCW3tAJq2Bsfy__Qn-z67yKBur04G3RpOzCZ2BNWFWocMAXLS0nhpOzM8KjRBQvRNTqGbdilV-O2cIfMQJBTt1SCnHlegcXqrOLNa&guccounter=2)

＊4　(https://www.patagonia.jp/company-info.html)

＊5　(https://www.sej.co.jp/company/principle.html)

＊6　(https://secoma.co.jp/tagline/index.html)

＊7　「～環境負荷の軽減を目的としたレジ袋を採用～」(https://secoma.co.jp/images/release/release20200622.pdf)

＊8　(https://www.toshiba.co.jp/about/ir/jp/news/20150720_1.pdf)

＊9　「東芝、東証1部復帰に影　子会社で不適切会計発覚」(『日本経済新聞』https://www.nikkei.com/article/DGXMZO54579900Z10C20A1TJC000/)

第 1 章

カルチャーとは何か

カルチャーを定義する

「カルチャー」と一言で言っても、厳密に定義することは難しいと感じるでしょう。多くの人が企業におけるカルチャーとして考えているもの＝「組織文化」は一般的に、「企業と社員が共有している価値観や文化、行動規範」だと言われています。

「うちの会社はフラットな雰囲気だよ」「あの会社って結構体育会系だよね」「元気に挨拶するところがうちの社員っぽいよね」——。こういった言葉で語られているものが、企業におけるカルチャーです。あなたの所属する会社でも、「なんとなくうちの会社っぽい」「うちの社員ってこういうところがみんな共通している」と思うような点が何かしらあるのではないでしょうか。

志望する企業のビジョンやミッションを調べ、「この企業のやろうとしていることには共感できそうだ」「この企業なら働きやすそう」などと就職活動の参考にする人も多いでしょう。モノやサービスを選ぶ際、企業の価値観や大切にしていることに共感して、購入を決める人もいるでしょう。

企業のカルチャーは、意識しようとしまいと、私たちの日々の意思決定に影響を与えています。

自然に醸成されたカルチャーと意図的に設計されたカルチャーがある

ここで指摘したいのは、企業のカルチャーには、

1 創業以来、経営者や歴代の社員が企業活動を行い、脈々と受け継がれてきたものが自然と独自の「カルチャー」として醸成される場合

2 企業が明確な意志や方向性を持って、ある種意図的に「カルチャー」をつくりだす場合

の2つのパターンが考えられることです。

前者に関しては、企業活動のアウトプットが結果として生み出すものですから、そ

のときそのときの社員やメンバー構成、あるいは外部／内部環境に左右されることが多くあります。「なんとなくの雰囲気や空気感」で共有され、偶発性が高いため、計算してそのカルチャーを醸成することはできません。一般的に「企業文化」と表現されているものの多くが、これにあたるでしょう。

一方、後者は、経営者や組織が目指したい方向性、あるべき姿などに基づき、ビジョン・ミッション・バリューを設定し、明文化することで、つくりだすことができます。プロダクトやサービス、あるいは採用基準や人事評価など、あらゆる企業活動の方向性を明確にすることにより、意図したカルチャーが醸成されていくのです。

これまで「コーポレートアイデンティティ」や「コーポレートブランディング」、あるいは「組織風土改革」といった言葉で、取り組んできた企業もあるでしょう。ただこれらは、一見すると「対外的なイメージ戦略」や「人事戦略」などと限定的に捉えてしまいがちです。

――カルチャーは組織や社員だけでなく顧客にも影響を与える

私が強調したいのは「カルチャーは、あらゆる企業活動に関連する」ということです。そして意図的であろうとなかろうと、カルチャーは社員や取引先、あるいは顧客から見たときのイメージにも直結します。

このカルチャーは「マクドナルドらしい」「メルカリらしい」といった「○○らしさ」と言い換えることができます。そしてこの多くが、社内外から見た企業における「ブランド」や「イメージ」にもなります。

たとえば、「アップルらしさ」という言葉で多くの方がイメージするのは、「イノベーション」「洗練されたデザイン」「シンプル」といった印象でしょう。アップルは確認する限り、社内のカルチャーを明文化して対外的な公開はしておらず、外部から明確にはわかりません。しかし、スティーブ・ジョブズというカリスマ経営者の考えが組織に浸透しているため、一貫した強いブランドを構築しています。

アップルは1997年に「Think different」という広告キャンペーンのスローガン

を打ち出しています。これは企業のブランディングとして対外的に行ったものですが、こうしたスローガンも社内に影響し、社員の日々の行動や言動に大きく影響したと考えられます。そうやって、アップルが発表するプロダクトやサービスには常に「アップルらしさ」があり、ユーザーはそうしたアップルのカルチャーに惹かれ、支持しているのです。

ここでつけ加えたいのは、一般的に「企業文化」が指す「企業と社員が共有している価値観や文化、行動規範」は、あくまで組織運営論におけるものであり、この本で伝えたい「カルチャー」としては、不完全と言わざるを得ません。

たとえば、企業のカルチャーに顧客が共感し、そのプロダクトやサービスのファンになるといったことが起こるように、カルチャーは、組織や社員だけでなく、顧客にも影響します。

カルチャーは、社員の採用や育成、組織開発だけでなく、顧客価値創造や顧客との関係構築にも活かすことのできる重要なものです。**どんなに質の高い事業戦略を立て、ビジネスモデルを洗練させても事業が成長しないというなら、企業のカルチャーに課**

題があると言っても過言ではありません。

「カルチャーモデル」は、事業と組織の両輪に働く重要なカギ。そして、「カルチャーは意図的につくることができる」というのが本書で主張したいことです。

カルチャーとビジョン・ミッション・バリューの関係性の整理

組織論において「ビジョン・ミッション・バリュー」の重要性は多くの人が知るところです。ただ定義が曖昧で、会社ごとに扱われ方も違うため、カルチャーとの関係性を含めていったん整理しておきましょう。これらの要素を図式化すると、２つのパターンが挙げられます。

［ビジョン型］

・ビジョン……実現したい社会

・ミッション……（ビジョンを実現するうえで）会社が果たすべき役割・使命

・バリュー……（ミッションを達成するうえで）社員が取るべき行動指針

↓結果としてカルチャーがつくられる

［ミッション型］
・ミッション……（目指す社会のために）会社が果たすべき役割・使命
・ビジョン……（ミッションを達成するうえで）目指す中期的な会社のゴール
・バリュー……（ビジョンを実現するうえで）社員が取るべき行動指針
↓結果としてカルチャーがつくられる

「ミッションが上か、ビジョンが上か」という議論がよくありますが、これはどちらかが正解というわけではなく、どちらのケースもあり得るため、ここで整理しておきましょう。ミッションとバリューについては、それぞれ「会社の使命」と「社員の行動指針」であることに変わりありません。

違いは「ビジョン」の使い方です。「ビジョン型」の場合は、ミッションよりも上位概念として、「実現したい理想の社会・世界」を設定し、ビジョンとミッションの双方によって、世界観をより明確に定義しています。

ビジョン・ミッション・バリューとカルチャーの関係図

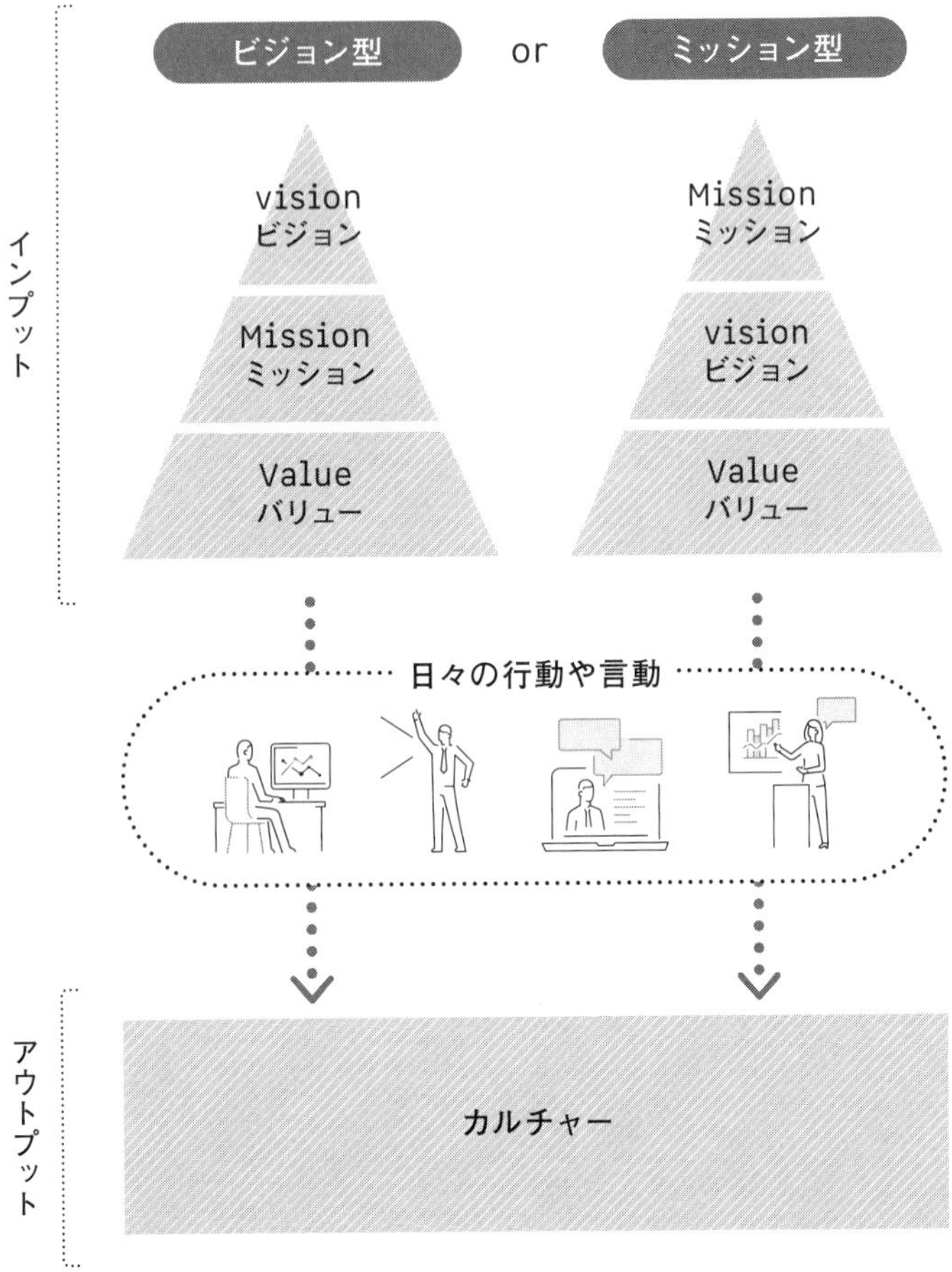

一方で「ミッション型」では、ミッションを実現するための中期的なゴールとしてビジョンをミッションの下位概念として定義付けています。具体的なマイルストーンや当面の目標を明示したい場合に有効です。いわゆる「２０２５ビジョン」のように、一定の時間軸の元、達成すべきゴールのことを「ビジョン」と呼んでいる形になります。

どちらの型に沿ってビジョン・ミッション・バリューを策定するかは、企業の意向によりますし、どちらが正しいというものではありません。いずれにしても、ピラミッドの上位概念ほど不変的なもので、内部／外部環境に左右されないものであるのに対して、下位概念ほど、時代の流れや顧客ニーズの変化、あるいは組織のフェーズや構成メンバーによって、必要に応じて変わる可能性があります。

たとえば２０１７年、フェイスブックはそれまでの「世界をよりオープンでつながったものにする」というミッションから、「コミュニティづくりを応援し、人と人がより身近になる世界を実現する」へと変更しました（＊１）。この背景にはＳＮＳの隆盛に従いエコーチェンバー現象（閉鎖的な関係でのコミュニケーションが繰り返され特定の価値観が強化されること）が問題となり、単に人をつなぐだけではより良い世界にはならないという課題意識があったといいます。よりコミュニティづくりを促し、世界をより良くするための意志として、ミッション変更を行ったのです。

そして、これらビジョン・ミッション・バリューという企業や社員の存在意義とも言える極めて根源的なものこそが、カルチャーを形成する起点となるわけです。ビジョン・ミッション・バリューは日々の意思決定や行動・言動に大きく影響し、それらが積み重なることによって、結果として組織に定着していくものがカルチャーになります。そういう意味で、カルチャーとは、ビジョン・ミッション・バリューというインプットの影響を強く受け、企業としての日々の活動を通して、アウトプットとして存在するもの、と言えます。

ビジョン・ミッション・バリューと企業活動の関連性

本書では便宜上、ビジョン型をベースに議論を進めます。このビジョン・ミッション・バリューのピラミッドに企業活動を代入するとすれば、一般的に次ページのような図式になります。

企業活動の最たるものは事業活動ですが、事業活動は基本的にビジョン・ミッションから具体化された「ゴール」と、ゴールを達成するための「ストラテジー（戦略）」と「タクティクス（戦術）」、ストラテジーとタクティクスを遂行するための「オペレーション」を決定し、Plan（計画）・Do（実行）・Check（評価）・Action（実行）のＰＤＣＡサイクルを回すことです。

ビジョン・ミッション・バリューと企業活動のピラミッド

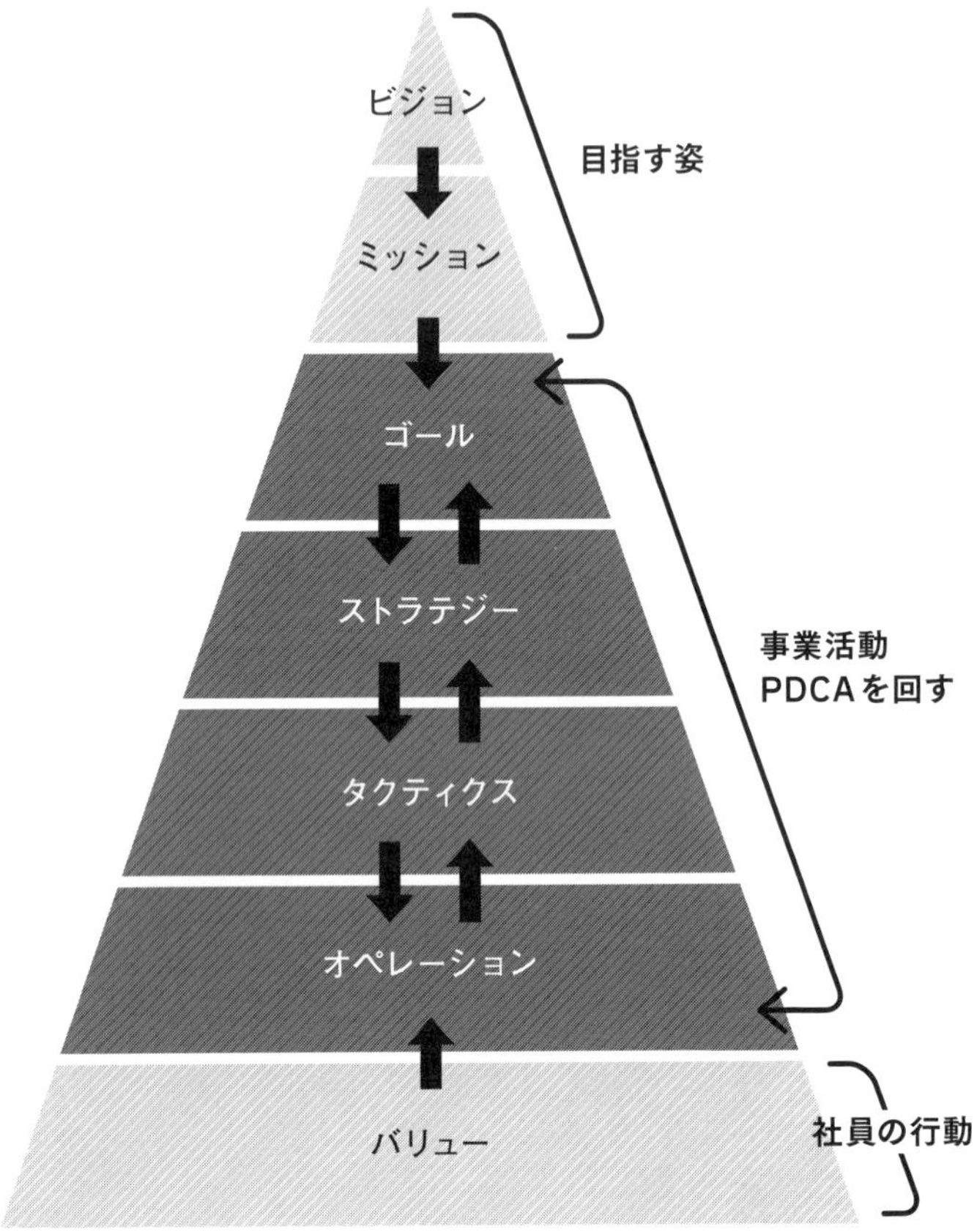

これらは相互に作用し合い、ＰＤＣＡサイクルの過程で検証され、より精度を高めていきます。この際、ミッションとバリューと照らし合わせながら、適切な意思決定を行っているかどうかを判断していくわけです。

けれどもここで一つの疑問が湧きます。ピラミッドを見てみると、バリューは最下位概念に位置付けられています。果たして、バリューはあくまで企業活動を「下支え」するものと言っていいのでしょうか。

ここで指摘したいのは、バリューが「ミッションを達成するうえで必要な行動指針」であると同時に「何を捨てるべきか」を定義していることです。

総花的なバリューではなく「何を捨てるか」が重要

バリューを設定する際、つい陥りがちなのは、あれもこれも「重要だ」と考えてしまい、総花的なバリューになってしまうことです。

たとえば、「カスタマーファースト」というバリューを挙げておきながら、「利益の追求」という考え方もバリューに入れていたとします。あるとき、その会社のカスタマーサポート部門にお客様から電話でクレームがあり、「返金してほしい」と言われたとしたら、電話を受けた担当者は返金するべきでしょうか。

「カスタマーファースト」が大事であればすぐに返金してリカバリーすることを選ぶでしょう。「利益の追求」が大事であれば、簡単には返金の道は選ばずに、他の方法でリカバリーすることを考えるはずです。となると、バリューにこの矛盾する双方が含まれている場合、社員はバリューに基づいた判断ができず、上長に確認せざるを得ないでしょう。

あるいは「グローバルな成長に挑戦する」と「地域社会に貢献する」という2つのバリューを掲げていたとします。そして国内外に店舗展開を広げていくなか、世界的な景気後退によって急激に売上が縮小し、早急に事業を建て直す必要が出てきたとします。そういったとき、国内市場と海外市場、どちらに注力すべきなのか。この2つのバリューが共存している以上、すぐに判断することは難しいのではないでしょうか。

バリューは企業活動における行動指針であるとともに、何を捨て、何を選択するか優先順位をつけることでもあります。経営戦略論の大家であるマイケル・ポーターの言葉に「戦略とは捨てることである」というものがある通り、バリューは本来、こうした究極の選択のとき、迷いなく意思決定をするための判断軸となるべきものなのです。

つまり、総花的で耳触りのいいバリューを設定しても、判断軸として機能しないため、組織においてバリューが意味を成さないこととなります。バリューを設定することは、戦略と同様に「何を捨てるか」を定義することであり、経営戦略と同等に重要かつ会社の命運を担う両輪となるのです。

事業（ビジネスモデル）と組織（カルチャーモデル）の両輪を回す

82ページのピラミッドを踏まえ、この本で提唱する「カルチャーモデル」を明らかにしていきましょう。

経営資源は「ヒト・モノ・カネ」とよく言われる通り、企業活動に不可欠な要素として「組織・事業・資金」の3つが挙げられます。たとえばスタートアップの経営者の多くが会社を立ち上げる段階で、特に重点的に考えるのが事業と資金でしょう。プロダクトやサービスを開発し、ビジネスモデルを決定し、戦略を立てる。そうしてできた事業計画をもとにVCなどの投資家にプレゼンし、資金調達を行います。

けれどもスタートアップの中には資金調達ラウンドにより事業を拡大し、組織を拡

事業（ビジネスモデル）と組織（カルチャーモデル）の両輪

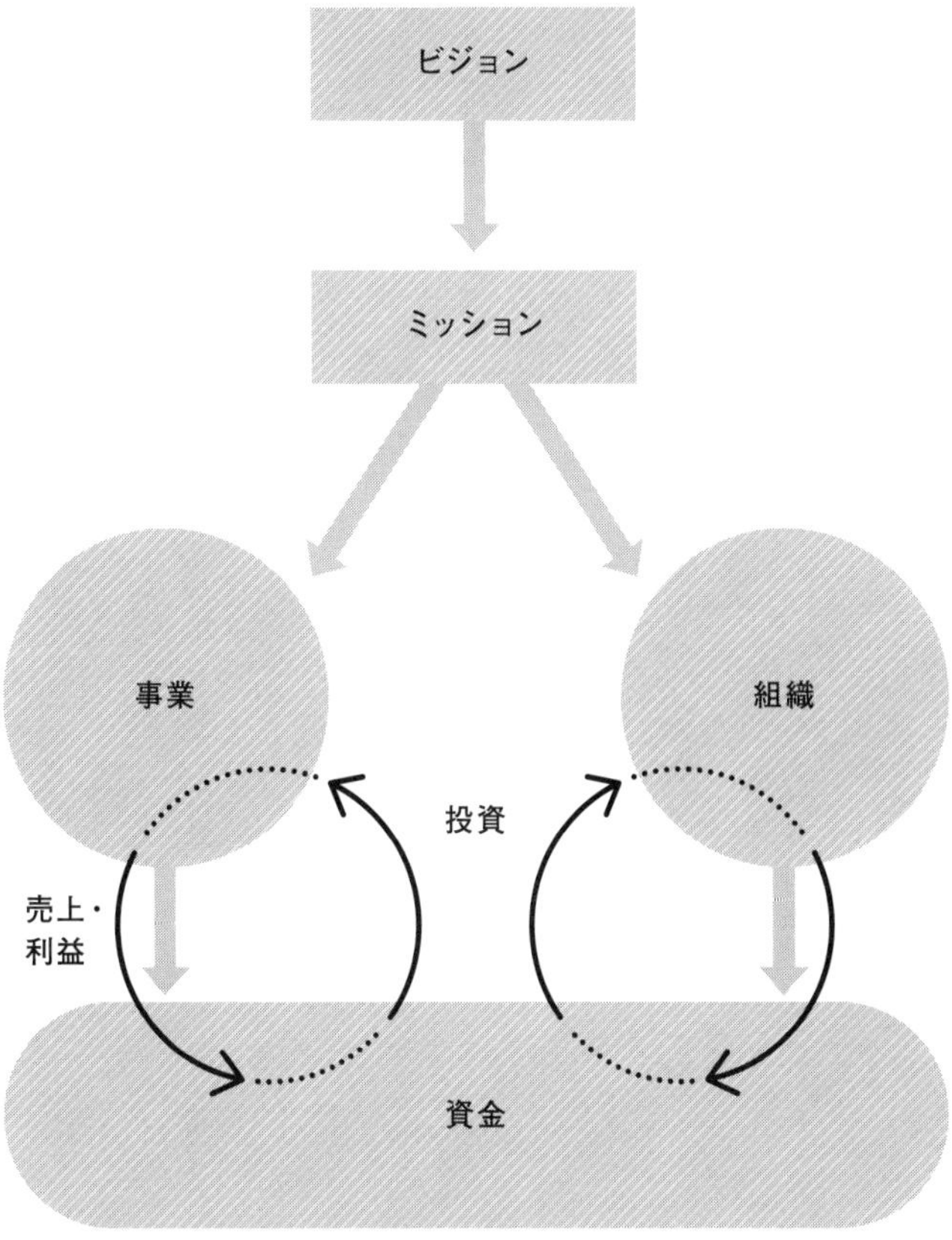

大しようとするところで壁にぶつかってしまう企業もあります。「50人の壁」とも「100人の壁」とも言われる組織づくりの壁です。

どんなに優れたプロダクトやサービスを開発しても、有利な条件で資金調達を行うことができても、あるいはどんなに優れた人を採用したとしても、組織はただなんとなく「人を集めた」だけでは機能しません。重要なのは、事業（ビジネスモデル）と組織（カルチャーモデル）の両輪を回すことなのです。売上や利益は事業から生み出されますが、その事業を推進しているのは人であり組織なのですから。

――カルチャーがビジネスの成功に大きく影響する

組織がなぜ事業との両輪として重要と言えるのか、少し具体例とともに見てみましょう。

市場が成熟してくると、画期的なアイデアや一人でも多くの心をつかむようなプロダクトやサービスを生み出すことはどんどん難しくなってきます。たとえば洋服を買う際、世の中にある無数のブランドから、あなたはどうやって自分に合う服を選んでいるでしょうか。価格帯、シルエット、デザイン、サイズ感……。さまざまな要素から条件を絞っていっても、なかなかすぐには見つからないでしょう。

そんなとき、「スタッフが全員心からその服を気に入っていて、納得のいく説明をしてくれる」ブランドと、「地球環境やサステナビリティを考えた服づくりをしている」ブランド、「品切れやサイズ切れを極力減らし、ネットで注文すれば翌日にすぐ自分に合った服が届く」ブランド、どのブランドで買いたいと思うでしょうか。

おそらくここで選ばれるのは、あなたが何を大切にしているか、あなたの価値観と合致するブランドでしょう。

これらのブランドの方向性の違いは、ビジネスモデルの違いにより生まれています。しかしそれ以上に、ビジョン・ミッション・バリューといった、企業の存在意義や組織としての価値観が色濃く反映されているのではないでしょうか。そして何より、現場のスタッフが企業としての価値観に共感し現場で体現しているからこそ、顧客にその価値が提供できているのです。

つまり、組織におけるカルチャーを一貫して構築することが、ビジネスモデルを実行し成果につなげることに大きく影響しているということです。 このように、ビジネスとカルチャーは切っても切り離せない存在であり、相互に影響しあっています。

こうして、事業（ビジネスモデル）と組織（カルチャーモデル）の両輪を回すことが、プロダクトやサービスの差別化につながり、競争優位性を高めることにもなるのです。

「7S」のフレームワークで「カルチャーモデル」を定義する

では、事業（ビジネスモデル）と組織（カルチャーモデル）の両輪を回すにはどうすればいいのでしょうか。ここで参照しておきたいのが、マッキンゼー・アンド・カンパニーの「7S」です。7Sとは、エクセレントカンパニーに共通する要素を7つ挙げ、それらが相互に補完し、高め合いながら企業活動を行っているという、組織運営に関するフレームワークです。マッキンゼー出身のトム・ピーターズとロバート・ウォータマンがかの名著『エクセレント・カンパニー』（大前研一訳・英治出版）において提唱したことでも知られています。

その7要素とは以下の通りです。

ハードの3S

1 Strategy：ストラテジー（戦略）

2 Structure：ストラクチャー（組織構造）

3 System：システム（制度）

ソフトの4S

4 Shared Value：シェアドバリュー（共通の価値観・理念）

5 Staff：スタッフ（人材）

6 Skill：スキル（能力）

7 Style：スタイル（経営スタイル・社風）

この7要素において、ハードの3Sは比較的容易に変更ができますが、ソフトの4Sは変更が難しいとされています。人の価値観や考え方、スキルといったソフトの4Sをコントロールすることは難しく、変化させるにも時間がかかるからです。このフレームワークが発表された1980年代、経営効率や競争優位性を高めるために

7Sのフレームワーク

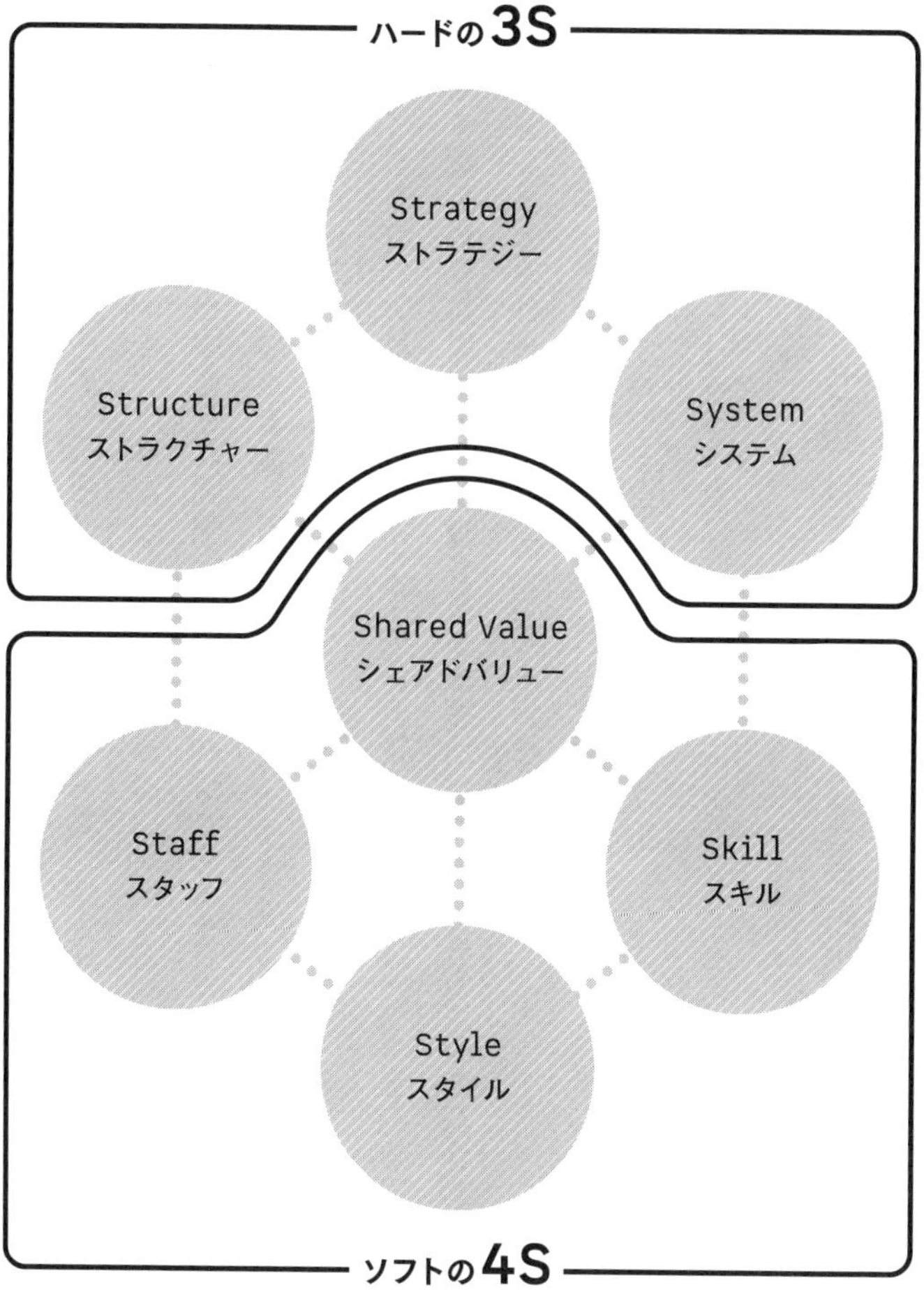
ハードの3S
Strategy
ストラテジー
Structure
ストラクチャー
System
システム
Shared Value
シェアドバリュー
Staff
スタッフ
Skill
スキル
Style
スタイル
ソフトの4S

「ハードの3S」ばかりに目が向きがちだったのを、働く人の価値観や働き方といった「ソフトの4S」に光を当てたことで、広く知られるフレームワークとなりました。

このフレームワークは組織運営に関するものですが、この本ではこの7Sをベースに、今の時代における事業（ビジネスモデル）と組織（カルチャーモデル）の両輪を働かせるための仕組みを検討していきます。

まずはビジョン（実現したい社会）とミッション（会社が果たすべき役割・使命）を設定し、ここからはミッションを実現するための事業と組織のあり方について考えていきましょう。

「ビジネスモデル」を７Ｓで捉える

事業（ビジネスモデル）を先ほどの７Ｓと対比させるような形であえて７要素での整理をすると、たとえば次のような構成となります。

・Proposition：プロポジション（顧客への提供価値）
・Strategy：ストラテジー（事業戦略）
・Business Development：ビジネス開発（事業開発やパートナーシップ）
・Product Development：プロダクト開発（製品・サービスの開発）
・Promotion：プロモーション（広告・広報などのコミュニケーション）
・Value Chain：バリューチェーン（調達・製造・販売チャネル）
・Sales：セールス（販売促進や営業・顧客接点）

ビジネスモデルの７要素

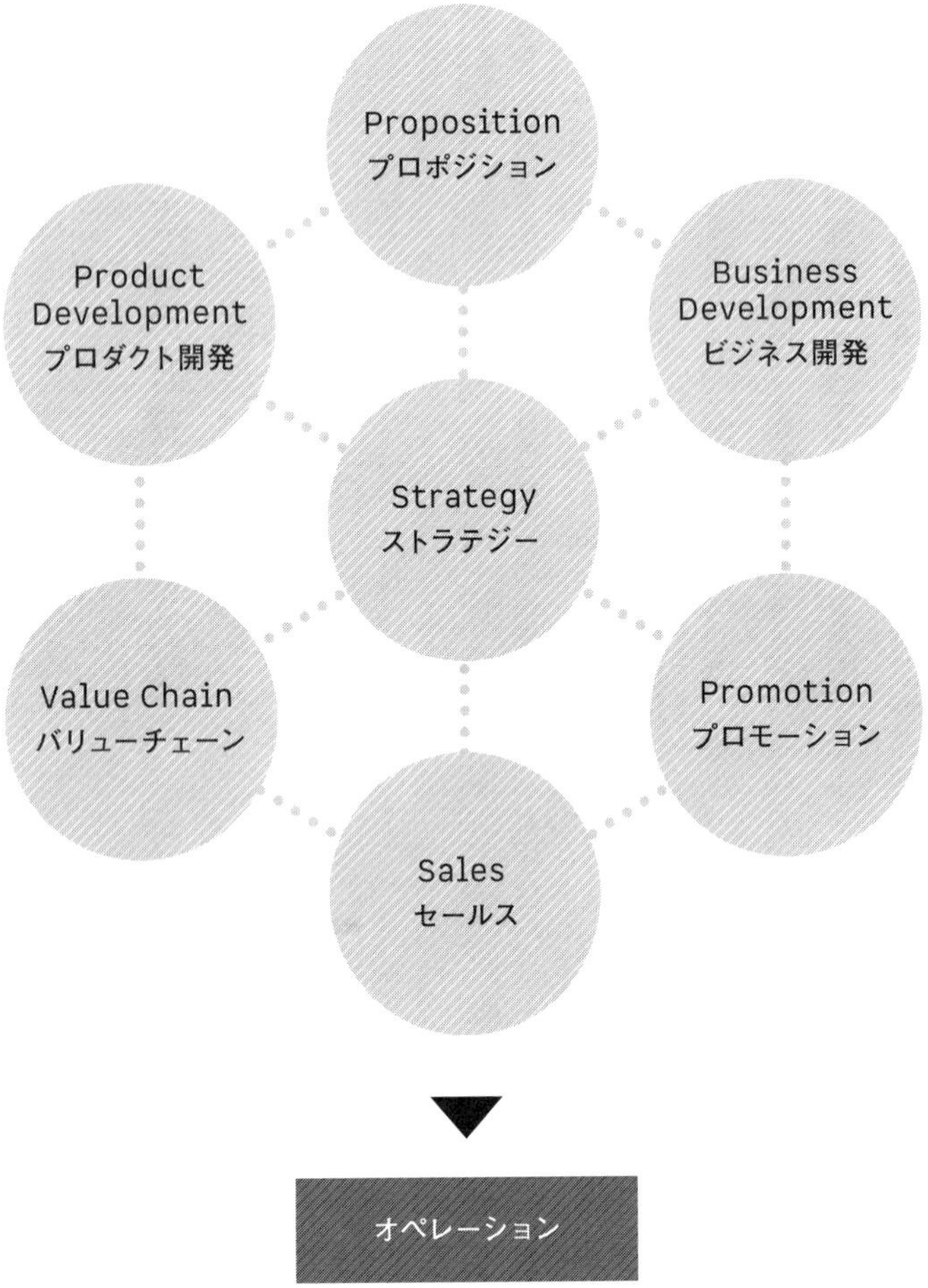
Proposition
プロポジション
Product Development
プロダクト開発
Business Development
ビジネス開発
Strategy
ストラテジー
Value Chain
バリューチェーン
Promotion
プロモーション
Sales
セールス
オペレーション

ミッションを達成するため、カスタマーバリュープロポジション（顧客への提供価値）を定義し、それを実現するためのストラテジーを決定し、７つの要素を計画します。７つの要素はそれぞれ重要ですが、図案の中心に位置し、各要素の指針となるのがストラテジーです。いかに経営資源を配分し、意思決定を行い、課題を解決するか。そして顧客価値をどのように提供するか。このストラテジーが各要素の中心となり、その事業での自社の勝ち筋を定義し、整合性の取れた７つの要素に整理をしてゆきます。そして、このまとまった計画のことをビジネスモデルと呼ぶわけです。

ただこれはあくまで計画でしかありませんので、この事業戦略を実行する「オペレーション」があってはじめて、顧客に価値が提供され、売上や利益となって還元されることになります。

なお、ビジネスモデルに関するフレームワークは、新規事業に適した「ビジネスモデルキャンバス」や、主にマーケティングで使われる「ＳＴＰ」「４Ｐ」など、無数にあります。本書では事業（ビジネスモデル）はメインテーマではありませんので、ビジネスモデルの詳細については他の書籍に譲ります。ここでの7要素の整理は一例としてのフレームワークにすぎないという点はご留意ください。

「カルチャーモデル」を7Sで捉える

一方、組織（カルチャーモデル）は次の7要素で構成されます。

- Stance：スタンス（組織としてのあり方）
- Shared Value：シェアドバリュー（行動指針）
- Structure：ストラクチャー（組織の構造・形態）
- System：システム（制度）
- Staff：スタッフ（人の採用や育成）
- Skill：スキル（組織としてのスキル、強み）
- Style：スタイル（組織風土）

カルチャーモデルの7S

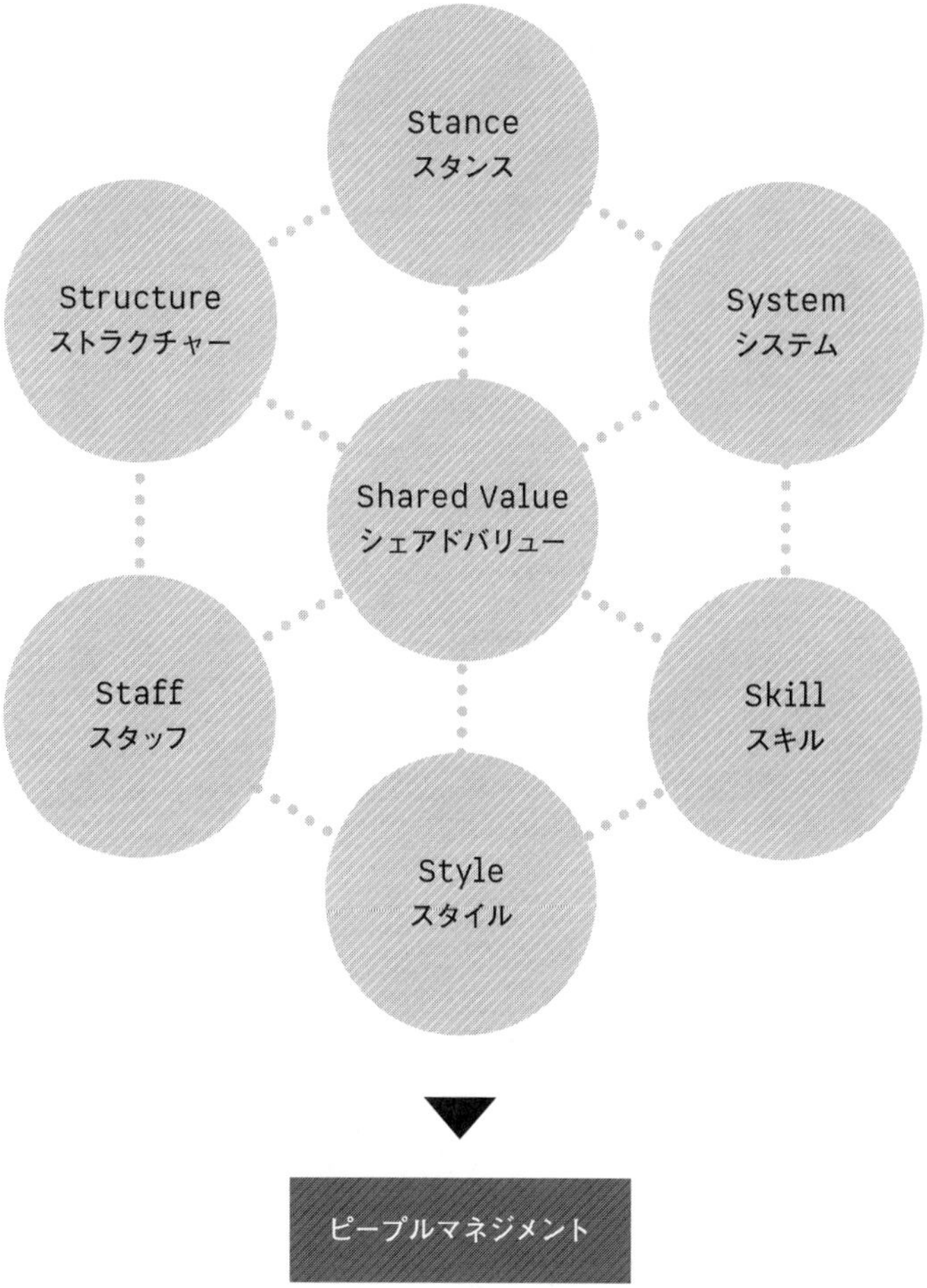

本来、7Sの一番上には「Strategy：ストラテジー（戦略）」が入りますが、ストラテジーはビジネスモデル側で機能するものであり、「ビジネスモデルとの両輪としてのカルチャーモデル」としては、ストラテジーは組み込むべきではありません。それに代わるものとしてここでは独自に「Stance：スタンス」という要素を追加しています。スタンスとは、自社が取るカルチャーの方向性を決めることで、主に経営のリーダーシップスタイルのあり方によって定義されるものですが、本書で提唱するカルチャーモデルの中核的な存在となりますので、第2章で改めて詳細に説明します。

このスタンスに基づいて、自社独自のバリューを定義します。**バリューがカルチャーモデルの各要素を束ねる中心的な存在です。**前述のように、バリューはビジネスモデルでいうストラテジーと同じ役割を果たすものとして、自社の組織としての勝ち方・戦い方を定義します。このバリューを中心に、その他のSを整合性の取れた形で言語化し、制度などとして導入してゆくことで、カルチャーモデルをつくり上げてゆきます。

しかし、これら7つの要素を設計したとしても、現場の各部門において実行されていなければ絵に描いた餅となります。その実行の役割を担うのが「ピープルマネジメント」です。ピープルマネジメントとは、各部門のマネージャーが主体としてメンバーに働きかけ、ミッションを達成すべく組織をマネジメントすることです。その方法として、目標管理やコーチング、コミュニケーションや人事評価などさまざまなアプローチが考えられます。各部門長によるメンバーとの日々のやり取りによって実行され、7Sとして定義したカルチャーモデルが組織に浸透していくことになります。

このとき、マネージャーによって行動や言動が異なっていると、組織として一貫したカルチャーの醸成ができなくなります。そのため、7Sを可視化・言語化することによって、組織全体へとカルチャーを浸透させてゆきます。つまり、これら7Sを組織活動として行った結果、そのアウトプットとして生み出されるのがカルチャーなのです。

まとめると、「カルチャーモデル」を設計することとは、設定されたビジョン・ミッションを実現するために、カルチャーの方向性を決め、整合性のとれた7Sを設計し言語化する営みのことだと言えます。そしてそれがピープルマネジメントによって組織において実行され、日々の行動や言動として現れることで「カルチャー」として組織に存在してゆくのです。

ここでの言語化とは、後ほど詳しく述べますが、アップルの「Think different」の例のように、一言で表現して浸透させることもあれば、グーグルの「re:Work（リワーク）」やネットフリックスの「カルチャー・デッキ」など、詳細な文書として言語化される場合もあります。また、どんなカルチャーが理想的なのかは組織によって異なります。

カルチャーモデルの7要素をいかに定義するか。そしてどんなカルチャーをつくるべきかについては、この後の第2章で解説していきます。

CXとEXからビジネスモデルとカルチャーモデルを考える

先ほど「カルチャーは社員の採用や育成、組織開発だけでなく、顧客価値創造や顧客との関係構築にも関わる」とお話ししました。なぜなら先述の通り、事業と組織は両輪で作用するものだからです。特にどんな事業戦略を取るのか、ストラテジーを決定する際、その意思決定の指針となるのが、ほかでもないバリューとなります。

つまり、ビジョン・ミッションをもとにビジネスモデルとカルチャーモデルを設計し、事業側と組織側双方を動かすことが、結果としてビジネスの成功につながるということです。

では、どのように事業と組織を両輪として働かせればいいのか。どうやってカルチャーを「適切に設計」すればいいのか。その一助となるのが、最近マーケティングや人事の領域においてたびたび語られる「カスタマーエクスペリエンス（CX）」と「エンプロイーエクスペリエンス（EX）」の考え方です。

CXとEXの定義

ここで改めて、CXとEXについて定義しておきましょう。

もともと「カスタマーエクスペリエンス（CX）：顧客体験」という経営手法は、マーケティング領域において、顧客がプロダクトやサービスを利用する際に金銭的な価値を感じるだけでなく、購入前にプロダクトやサービスを検討し、購入後のフォローに至る一連の体験を通して、心理的かつ感覚的な価値を感じ、顧客エンゲージメント（企業やブランドに対する信頼や絆）を高めるために考えられました。

そして、「エンプロイーエクスペリエンス（EX）：従業員体験」はCXの手法を従業員にも適用したもの。就職活動で企業を検討し、入社から研修、配属、業務遂行、人事評価、そして退社するに至るまでの一連の体験を通じて、従業員が心理的かつ感覚的に価値を感じ、ワークエンゲージメント（企業や仕事に対する信頼や絆）を高めようという試みです。

CXの向上が売上・利益という業績に影響するという意味で、CXは企業として追求すべき重要な指標となります。一方、EXが上がるということは、従業員のモチベーションも高まりますから、それは顧客にも伝わりCXに影響します。

つまり、EXの向上はCXの向上に貢献するということです。ここで重要なのは、オペレーションはCXを、ピープルマネジメントはEXを向上させるための重要な役割を果たすということです。

ピープルマネジメントを通してカルチャーモデルは機能する

オペレーションとはつまり、ストラテジー通りにビジネスモデルを機能させ、ビジョン・ミッションを実現するために必要なもの。ストラテジーを定義するのは経営陣や事業責任者、経営企画の役割となります。そして、現場の一人ひとりが、描いたビジネスモデルを最適な形で実行するというオペレーションを担います。

一方、スタンスやバリューに基づいてストラクチャー、システム、スタッフ、スキル、スタイルという他の5つの要素を設定し、定義するのは経営陣および人事部門の役割となります。具体的には人事制度や働く環境、福利厚生など、社員が組織の内外で活動するあらゆるアウトプットに関わってきます。そして、ピープルマネジメントは、そのカルチャーモデルを実践している現場の一人ひとりの日々の行動や言動ということになります。

そして、現場のオペレーションやピープルマネジメントを通して、会社として設計したビジネスモデルとカルチャーモデルを機能させてゆくのです。そのためには、マネージャーが結節点となってマネジメントやコミュニケーションを通じて現場で実行し、CXとEXを向上させていくという役割が極めて重要になります。

そして、これら企業活動の全体像は次のような図式となります。（ピープルマネジメ

企業活動の全体像

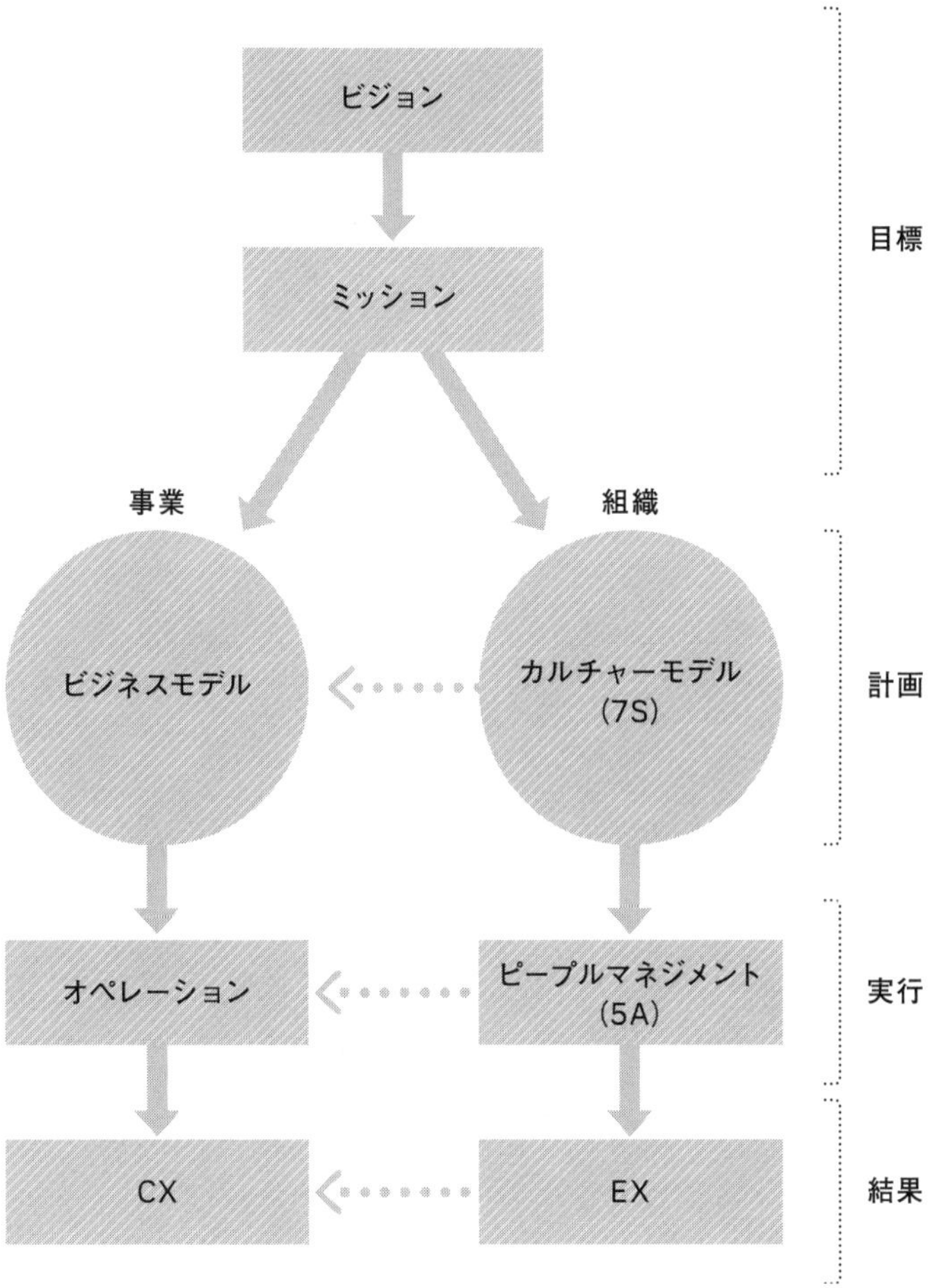
ビジョン
ミッション
事業
組織
ビジネスモデル
カルチャーモデル
(7S)
オペレーション
ピープルマネジメント
(5A)
CX
EX
目標
計画
実行
結果

ントの5Aについては、第5章で説明します）

つまり、この本で提示するカルチャーモデルとは、これまで曖昧だった、企業におけるカルチャーを解き明かすと、ビジョン・ミッションから規定されたバリューを中心とした7要素に分解できるということ。これは意図的かつロジカルに設計できるものであること。そしてそのために必要なのが「カルチャーを言語化する」というプロセスなのです。

カルチャーを意図的につくる（メルカリの場合）

ここまでの内容についてより理解を深めるため、メルカリを例に話を進めましょう。

メルカリでは、ビジョン・ミッション・バリューの構造を簡略化し覚えやすくするため、ビジョン的な性質を内包したミッションのみを設定しています。それが「新たな価値を生みだす世界的なマーケットプレイスを創る」です。そしてそれを達成するためのバリューとして、「Go Bold（大胆にやろう）」「All for One（全ては成功のために）」「Be a Pro（プロフェッショナルであれ）」の３つを挙げています。

私がメルカリへ入社した当初、はっきりと言語化されていたのは、このミッションとバリューのみでした（※入社当時、「Be a Pro（プロフェッショナルであれ）」は「Be Professional」と表現）。社員同士でも「それってGo Boldじゃないよね？」「All for Oneでやろうよ」など、普段の会話から自然と共有されているものでした。そしてもう一つ、頻繁に交わされる言葉があったのです。それは「性善説」。「性善説で制度設計している」「性善説で社員のことを信頼しているから、マイクロマネジメントはしない」といった具合です。

メンバーの多様化により カルチャーを言語化する必要性が高まる

メルカリは私が入社した2017年当時、メンバーは600名ほどで、ミッションとバリューを言語化することで、一貫したカルチャーが醸成されている、特徴的な会社でした。それから1年で社員数はほぼ倍に急拡大しました。さらに、エンジニアを中心に外国籍メンバーの採用を進めたため、人材の多様性が一気に増していきました。その上、金融事業を担う子会社のメルペイが設立され、金融出身者などこれまでとはバックグラウンドの異なる人材も増えてきました。

このように、事業と組織が急速に成長し、メンバーの多様性も広がるなか、カルチャーを言語化し、暗黙知を形式知として共有する必要性が高まってきたのです。

そこでまず、メルカリのカルチャーを言語化することにしました。ミッション、バリューは明文化され、社内外に発信されてきましたが、「性善説」は社内でのコミュニケーションでよく出てくるものの、明文化されておらず、なんとなくの雰囲気として伝わっていました。「性善説」というと、「人は生まれながらに善の心を持っている」といった意味合いですが、もとは儒教の考え方で、英語圏で暮らしてきた人にとっては理解しにくい概念なのです。英訳するにしても適切な単語が英語になく、「Humans are good」などとなってしまう問題もありました。ダイバーシティに対応する必要が出てきたということです。

「スタイル」としての「Trust & Openness（トラスト&オープンネス）」

そこで考えたのが、「Trust & Openness（トラスト&オープンネス）」という言葉です。これは７Ｓの中で定義される「スタイル（組織風土）」にあたります。性善説だからこそ、お互いを信頼しているから、情報はすべてオープンにしていいて風通しもいい。ルールや制度でガチガチに縛ってしまうのではなく、社員一人ひとりを信頼し、必要な情報をもとに一人ひとりが考え判断する、ということです。ちょうどメルペイがサービスをスタートするにあたり、２０１９年2月に開催したカンファレンスで「信用を創造して、なめらかな社会を創る」というミッションを掲げ、オープンなプラットフォームをつくる「Openness構想」を発表したのも、いい契機でした。

カルチャーを言語化するにあたって、ピープル&カルチャーのメンバーと議論したところ、「Trust & Openness」という言葉がすぐに挙がりました。これは良さそうだと思い、すぐに経営会議でこの言葉を提案したところ、経営会議ではものの30秒で決まりました。これほど早く決められるとは私自身も驚いたのですが、これはひとえに、経営陣の誰もが常日頃からミッションとバリューを深く理解し、ピープル&カルチャーや各組織のメンバーとカルチャーをすり合わせていたからこそ、迷うことなく瞬時に意思決定できたのだと思います。

ガイドラインとして「メルカリ・カルチャー・ドック」を策定する

次に策定したのが、「Mercari Culture Doc（メルカリ・カルチャー・ドック）」。カルチャー・ドックとはつまり、メルカリの企業文化（カルチャー）や人物像、働く環境についてのガイドラインのこと。グーグルにおける「re:Work」やネットフリックスの「カルチャー・デッキ」のように、カルチャーを適切に浸透させ、ピープルマネジメントを全社一貫して実行するためのガイドラインのようなものです。

メルカリ・カルチャー・ドックでは、メルカリが求める人材像や、採用基準、人事制度や情報共有の仕組みなど、メルカリで働くうえで必要となる、人や組織に関する考え方を網羅的に整理しています。内容としては、フィロソフィーとして大方針を共有することを重視しつつ、ガイドラインの中では細かい部分まで言語化しているものも多くあります。

たとえば、社内コミュニケーションに関するパートでは、情報共有やミーティングなどコミュニケーション方法についてのガイドラインを示しています。その中には、「Slack（スラック）利用ガイドライン」というものがあり、Slack利用に関する詳細のガイドラインを設定しています（Slack利用ガイドラインは、GitHub上で公開されています）（＊2）。

オープンであることを意識する
・プライベートメッセージやプライベートチャンネルの利用は禁止しないが、人事・インサイダー情報以外は、コミュニケーションコストの低減と、風通しが良くオープンである社風を維持するために基本的にオープンにする
・チャンネルへのInvite/leaveは誰でも、いつでも可能であり、必要に応じて繰り返すことを厭わない

チャットコミュニケーションの限界を理解する
・テキストのみだとニュアンスや文脈が欠け落ちることがあるので、その際は他のコミュニケーション手段を利用する（対面での会話、Googleハングアウトの会議通話など）

紳士的であること

・オープンな議論のための発言に遠慮することはないが、十分に配慮し、All for Oneであることを意識する

引用部分は、「Slack利用ガイドライン」の「前提」と位置付けられている冒頭のパートです。このガイドライン一つをとっても、情報をオープンにし、コミュニケーションを重視するメルカリのカルチャーが色濃く表れているのがわかると思います。ガイドラインは、このようにして働くうえでの考え方を定義してゆくものですが、メルカリでは、こうした決めごとの理由はすべて、「Trust & Opennessだから」で説明がつくのです。

こういった業務上のやり取りやコミュニケーション、仕事の進め方などは暗黙知としてなんとなく共有されているか、その都度、先輩社員が気づいたときに説明されているものです。けれども、メルカリではそのタイムロスすらも惜しんで、言語化による情報共有を行ったのです。

メルカリについては、実践編の第4章にて、より詳しく触れていきます。

カルチャーを意図的につくることは可能

メルカリの事例で見てきたように、「カルチャーを意図的につくる」ことは可能だと言えます。そして、そのためには、**企業の目指す方向性に沿ってビジョンやミッションを設定し、それを実現するための組織戦略としての「バリュー」を定義し、バリューと整合性の取れたカルチャーを言語化することが必要です。**そして、その言語化された「カルチャーモデル」に基づきピープルマネジメントをうまく機能させることです。それによって、働く社員たちの日々の行動や言動、判断を揃え、カルチャーとして浸透し、定着していくのです。

結果として組織の内外に浸透したカルチャーは、組織における人事採用・育成や人事制度、組織設計、オフィス環境、福利厚生、コミュニケーション、あるいはプロダクトやサービスなどあらゆる企業活動を内包し、企業としての個々の施策の一貫性を高め、強固なブランドイメージを構築します。

経営戦略として、企業がカルチャーを設計することは、マーケティング的にも人事・組織開発的にもあらゆる企業活動を優位に進めることに寄与するのです。

では、いったいどんなカルチャーをつくるべきなのでしょうか。次の章で詳しく説明していきましょう。

---

*1 「Facebookが「ミッション」を変えた深い意味」(『東洋経済オンライン』https://toyokeizai.net/articles/-/190513?page=2)

*2 (https://github.com/mercari/mercari-slack-guidelines/blob/master/Slack_Guidelines_Ja.md)

第2章

どういったカルチャーをつくるべきか

なぜアップルやグーグルは創業者が一線を退いてもうまくいっているのか

２０１９年12月３日、グーグルの持株会社であるアルファベットは、共同創業者のラリー・ペイジとセルゲイ・ブリンが揃って退任し、ＣＥＯの座をグーグルのＣＥＯを務めるサンダー・ピチャイに譲ることを表明しました。しかし、その発表を受けても株価に大きな変動はなく、市場の反応はいたって落ち着いたものでした。

さかのぼること２０１１年、スティーブ・ジョブズの後を受け、ティム・クックがＣＥＯに就任してからもアップルの地位には揺らぎなく、２０２０年に株価は当時のおよそ6倍近くの値で取引されています。

どんなカリスマ経営者でも、いつかはその座を後進に譲るときが来ます。松下幸之助、盛田昭夫、本田宗一郎……。かつて日本でも偉大なイノベーターたちが高度経済成長を牽引し、メイド・イン・ジャパンの名声を世界へ広げました。けれどもバブル崩壊以降、その栄光には陰りが見られます。そして、失われた20年……30年にも届こうとする今なお、その闇からの突破口を見つけられずにいます。

なぜアップルやグーグルといったシリコンバレーの企業は、創業者が一線を退いてもその勢いを失わずにいられるのか。iPhone、あるいは検索エンジンといった素晴らしいプロダクトやサービスを生み出したから？　もちろんそれは確かにそうです。けれどもそれだけではありません。それぞれ確固たるカルチャーを社内外に浸透させることで「企業として何を追求し、何を選択すべきか」の価値観や判断軸を見失わずに済んでいるからです。

逆に言ってしまえば、多くの日本企業の苦境の要因は、創業者から次の代表へとバトンが受け継がれ、「サラリーマン社長」がそのポストを埋めていく間に、会社に宿っていた創業者の精神やＤＮＡが薄れ、目先の利益や売上ばかりにとらわれるようになってしまったからかもしれません。

「カルチャーをつくる」ことにどんな意味があるか

年を経るごとに創業当初のカルチャーが失われていくのは、ある意味仕方のないことです。

ではなぜ、脈々と受け継がれ醸成されてきたカルチャーを改めて可視化し、自社のカルチャーとして定義すべきなのか。あるいはなぜ、「あるべき姿」を目指し、意図的に新たなカルチャーをつくるべきなのでしょうか。

それは経年によって生じたカルチャーのほころびやズレを修正し、チューニングする必要があるからです。

外部環境が変化し、自社のビジネスモデルの変化を余儀なくされるなかでは、さまざまな場面で重要な意思決定が求められます。その際、カルチャーが「なんとなく暗黙知で共有されている」ままでは、属人的な判断が求められ、意思決定の精度にバラツキが出てくる可能性があります。組織としてスピーディかつ適切に意思決定するためには、カルチャーを確固たるものとしておく必要があるのです。

確固たるカルチャーをもつことで成長してきた企業の代表例として挙げられるのは、ネットフリックスでしょう。ネットフリックスは、今でこそ世界的な映像ストリーミング配信サービスとして知られていますが、１９９７年に創業した当初、事業として取り組んでいたのは、オンラインＤＶＤレンタルサービス（１９９８年開始）でした。けれども２００７年、そのコア事業をストリーミング配信へシフトすることを発表し、２０１３年からはオリジナル作品の制作も始めました。

そうやってネットフリックスがビジネスモデルを変化させるなか、２００９年にウェブ公開し、２０１３年にフェイスブックＣＯＯのシェリル・サンドバーグが絶賛したことで大きな話題となったのが「カルチャー・デッキ」（＊１）です。

カルチャー・デッキでは、ネットフリックスのカルチャーを「自由と責任（Freedom & Responsibility）」と総称したうえで、そこに不可欠な要素として「大切だと思うものをバリューとする」「ハイパフォーマンス」「自由と責任」「コントロールするのではなく、分脈を提示する」「整合性を取りながら、ゆるく連携する」「市場価値に見合った最高の報酬を払う」「昇進と人材開発」の7つ（注：筆者訳）を挙げています。

まだ誰も成し遂げていなかった「世界規模のストリーミング配信サービス」を生み出すにあたって、知見や経験もないなか、何を優先し、何をすべきか。社員一人ひとりが大切にすべきカルチャーを、言語化することによって共有したのです。

そして、カルチャー・デッキはその後もアップデートされ、社内外の環境変化に対応し続けています。

カルチャー・ガイドが「自ら考える組織」を育てる

カルチャー・デッキやカルチャー・ブックなど、企業によってさまざまな呼称はありますが、こういった文書はいわゆる「カルチャー・ガイド」と総称できます。

これはあくまで、社員が業務を遂行するうえで参照するガイドラインのようなもので、ルールや制度でガチガチに固められたものではありません。同質性が高く、意識せずとも「あうんの呼吸」で進んでいた企業でも、転職者が増え、それまで企業が歩んできた道のりを知らない人が増えてくれば、暗黙知のなかで共有されていたカルチャーは曖昧になってきます。カルチャー・ガイドはそれを形式知にすることで、共有しやすくしたものです。

カルチャー・ガイドのような「ガイドライン」と、就業規則など「制度」や「ルール」

との違いはなんでしょうか。たとえばわかりやすいところで言うと、副業禁止制度。日本の大企業の多くはこれまで、一律に社員の副業を禁止してきました。労働法上、主たる雇用主が従業員の総労働時間を管理しなければならないという管理監督責任としての問題もありますが、それ以上に、「会社に雇われているのに、100％の力でコミットしないとは、何事か」「副業に取り組んでいると本業に支障をきたすのではないか」という懸念が影響しているのでしょう。

では、たとえばこれまで外注していたプロダクトやマーケティングのデザインを、よりスピーディに対応するため、インハウス（社内）デザイナーを採用する必要が出てきたとします。幸い、エージェント経由でスキルセットを持っている人が見つかったものの、その人は「個人の仕事も続けたい」と言っているとすれば、副業を禁止している企業はどうすればいいのでしょうか。

制度やルールに答えを求める企業であれば、「ウチは副業禁止だから、あなたを雇うことはできません」と突っぱね、優れた人材をみすみす手放してしまうかもしれません。あるいは「なんとかあなたを雇えるように、制度変更を検討したい。でも人事や法務部門に確認して、経営陣にも承認を得ないといけないから、ちょっと時間がほしい」などと社内調整に数カ月かかり、結果その人に「他社からもオファーをいただいたので、内定辞退させてもらえませんか」と、フラれてしまうことになりかねないのです。

一方、明確なシェアドバリューを指針とする企業で、カルチャー・ガイドに「個人の成長は企業の成長につながる」と書いてあれば、「個人の仕事も続けて大いにスキルアップを図って、当社にもその知識を還元してください」と、すぐに現場のマネージャーが意思決定し内定を出すことができるはずです。

制度やルールには考える余地がありません。「これはこう決まっているから」と思考停止し、それを守ることが目的となってしまいます。いわゆる「手段の目的化」です。それさえ守っていれば確かに行動は揃いますし、踏み外すことはありません。ですが、前例ベースの仕事となり、新しい発想を生み出す余地が制限されます。ましてや昨今のように人口が減少する社会においては、市場自体が縮んでいますから、過去と同じことをしていては売上が下がる一方です。もう、前例に倣っていては成長できない時代が来ているのです。さらに言えば、コロナ禍のような想定外の環境変化への対応は確実に遅れてしまいます。

かたやカルチャー・ガイドのような「ガイドライン」は、仕事のクオリティを一定に保ち、スピーディに遂行するためのガイドラインではありますが、「考える余地」がありますす。どんなビジョンを実現し、どんなミッションを果たすためにこの仕事をしているのか。その際に重要なバリューは何なのか。**「自ら考える組織」を育てることにつながるのです。そのため、物事の優先順位や大切にすべきことが社員一人ひとりにインストールされることになるのです。**

結果として、本質的な仕事に集中し、リソースを傾けることができるため、仕事のスピードアップにもつながります。

この激動の時代に必要なのは、社員一人ひとりがリーダーとしてスピーディに判断できる力を身につけること。そしてそれができる環境を整えることなのです。

「正しいか間違っているか」ではなく「好きか嫌いか」を決める

カルチャー・ガイドは重要です。しかし、カルチャー・ガイドはあくまでカルチャーをつくるための言語化という一手段にすぎません。また、何度もお話しする通り、どんなカルチャーがその企業にふさわしいのか、その答えは一つではありません。

そもそも「カルチャーをつくる」のは難しいことです。理想の「あるべき姿」からカルチャーをつくろうとしても、形骸化してしまったり、もともとあったカルチャーから離れ、実現できなかったりする可能性は大いにあります。カルチャーを表す何らかの言葉を決めたとしても、その言葉の解釈は人によって異なりますし、全社員が納得する言葉を見つけ出すのも難しいことです。

それでもなお、自社にとってどんなカルチャーがふさわしいのか。そしてそのカルチャーはどういったものなのか、言語化する試みそのものに意味があります。経営者や経営陣、あるいは人事担当者がそれを試みることで、そのプロセスを通して社員に共通認識が生まれ、組織としての意思決定が強固なものとなるからです。

たとえば、最近の組織論ではピラミッド型の組織構造やトップダウン型の意思決定プロセスへの疑問の声が増えています。『ティール組織』（フレデリック・ラルー著・鈴木立哉訳・英治出版）のようにフラットで自律的な次世代型組織が大きな話題になったのも、従来型の組織に限界を感じる人にとって、そこで示されたコンセプトが共感を呼ぶものだったからだと思います。

ただ、現に2020年の今でも、カリスマリーダーが組織を牽引し、トップダウン型の意思決定プロセスで業績を伸ばしている企業は数多くあります。柳井正氏が率いるファーストリテイリングや孫正義氏が率いるソフトバンクなどはその最たるものでしょう。

また、働く個人として考えても、それぞれ得意なことはさまざまです。自律的に物事を考え、自ら仕事を生み出すのが得意な人もいれば、あらかじめゴールが明確に設定され、それを達成するために粛々と業務を進めるのが得意な人もいるはず。人それぞれの特性に合ったカルチャーを選べるように、企業のカルチャーは多様であるべきなのです。

つまり、企業のカルチャーにおいて、どれが正しいか間違っているかは一概に決められません。もし何らかの形で規定できるとしたら、「好きか嫌いか」そのどちらかを、組織としてどう選ぶか。そしてそれを社外に発信したうえで、働く人がその会社で働きたいと思えるかどうかなのです。

経営スタンスの４象限

では、企業のカルチャーはどのようにつくるべきなのでしょうか。

その手がかりとなるのが、組織を運営する経営陣のリーダーシップスタイルの分析です。

さまざまな企業のカルチャーを検証した結果、経営者や経営陣が取っているリーダーシップスタイルを４つに分類することができました。経営におけるリーダーシップスタイルは、経営陣が意思を持って自らのスタンスを取っている（取るべきだ）、という趣旨から、本書では「経営スタンス」と呼びたいと思います。それは次の４象限です。

自分たちの会社がどれに近いのか、考えながら読み進めてみてください。

経営スタンスの４象限

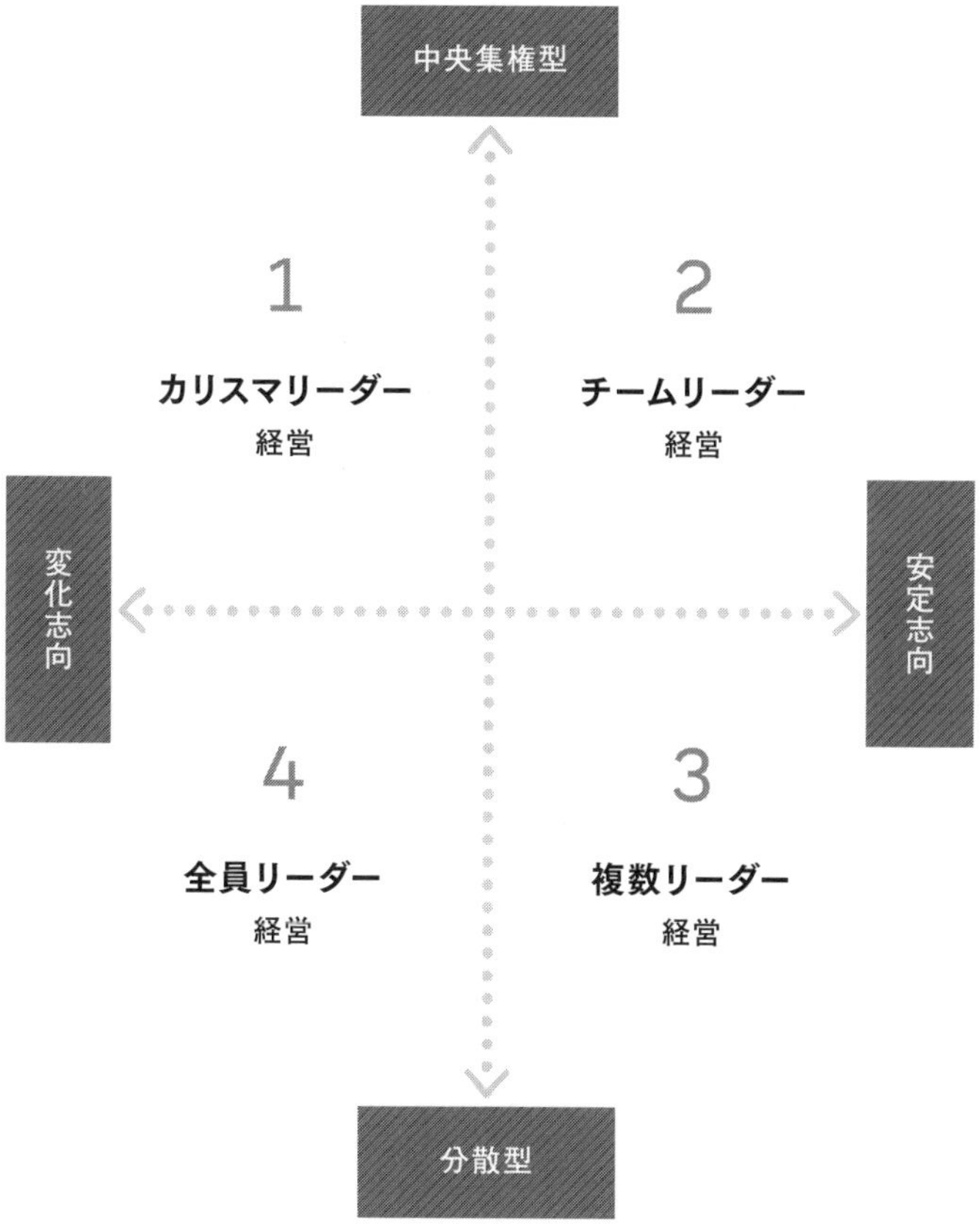
中央集権型
1
カリスマリーダー
経営
2
チームリーダー
経営
変化志向
安定志向
4
全員リーダー
経営
3
複数リーダー
経営
分散型

〈経営スタンスの４象限〉

①カリスマリーダー経営（変化志向×中央集権型）

一人のカリスマが常に変化を起こしながら組織が成長していく。

個のリーダーの強みを最大化することで成果を挙げる。

強力なトップダウンのため、大胆な意思決定ができる。

例）フェイスブック、ソフトバンク、ＳＨＯＷＲＯＯＭなど、特にカリスマ経営者と言われる創業者が経営する会社に多い

②チームリーダー経営（安定志向×中央集権型）

個に依存せず、経営陣がチームで意思決定し、全員の力を結集し成長を進める。

合議で決めるためリスクは取らない傾向にあり、安定した経営を志向する。

一社で長期的に働くことで、合議のためのすり合わせスキルを高めてゆく。

例）ＮＴＴや花王など、いわゆる日本の大手企業に多い

③複数リーダー経営（安定志向×分散型）

子会社別、事業別、地域別などに分散して組織運営し、各責任者に権限を委譲する。各責任者のレベルに成果が依存するため、リーダーシップ層の育成が重視される。権限委譲しつつもレポーティングを適切に求めることで、一定のガバナンスは効かせながらトータルで安定的に成長していく。

例）ＧＥ、Ｐ＆Ｇ、マクドナルドなど外資系グローバル企業に多い

④全員リーダー経営（変化志向×分散型）

ビジョン・ミッション・バリューで大枠の方向性だけ規定し、あとは個人に任せる。個の多様性の価値を最大化し、違いから変化や化学反応を起こし成長することを期待する。

社員自身に自律性とリーダーシップが求められる。

例）グーグル、Airbnb、メルカリなど、ＩＴ系の新興企業に多い

ほとんどの企業は一人か数名の少人数から創業しますが、初めのうちは①カリスマ

リーダー経営であることが多いでしょう。優れた技術者や専門家、あるいは信頼を集めるマネジメント層などが加わりながら、経営者の方針のもとプロダクトやサービスを開発するところから始まります。やがて顧客を獲得し、事業が成長するにつれ、組織が拡大し、場合によっては②チームリーダー経営や③複数リーダー経営、④全員リーダー経営へとシフトすることもあります。

また、企業によっては組織全体としては②チームリーダー経営であるものの、新規事業開発を行う子会社だけは④全員リーダー経営のスタンスを取るなど、組織が完全に切り分けられている場合においては2つの異なる経営スタンスが共存することもあります。

いずれにしろ、経営スタンスが4つのうちどれにあたるかによって、企業のカルチャーはある程度傾向が分かれるのです。

企業事例で「経営スタンスの４象限」を理解する

　では実際の企業がどの経営スタンスに当てはまるのか、そして企業はどういった変遷を辿っているのか、具体的な事例を挙げて検討してみましょう。

　たとえばトヨタ自動車は、豊田喜一郎氏が実質的に創業した後、創業者一族などが経営に携わってきました。しかし１９９０年代の後半からは奥田碩氏や張富士夫氏など生え抜きの優秀な社員が社長を務めるなど、②チームリーダー経営を進め成長を続けてきました。ただ、リーマンショックで連結営業赤字に転落した後の２００９年、創業家出身の豊田章男氏が社長に就任し、レクサスやプリウスの海外市場展開を強化。２０１８年には豊田章男氏が「自動車をつくる会社」から「モビリティカンパニー」へのモデルチェンジを表明し、「ＭａａＳ（モビリティ・アズ・ア・サービス）」の開発など、縮小傾向の自動車市場から新たなビジネスを生み出そうと思い切った戦略に取り組んでいます（＊2）。これはある意味、②チームリーダー経営から①カリスマリーダー経営へとシフトしていると言えるかもしれません。

また、前述の通り、アップルはスティーブ・ジョブズという偉大なカリスマリーダーによって低迷期を脱し、iPhoneやiPadといった優れたプロダクトを生み出しました。彼亡き後、ＣＥＯに就任したティム・クックは、卓越したオペレーションとピープルマネジメント力を発揮。Apple WatchやApple Payなど多様なサービスを生み出し、組織のダイバーシティを推進し、女性を登用するなど、①カリスマリーダー経営から③複数リーダー経営へのシフトを成功させていると言えるでしょう。

カルチャーは、正解があるわけではなく「好きか嫌いか」だとお伝えしました。そして、それはこの4つの経営スタンスも同様です。①〜④のうちどれがより良いかという議論ではなく、**自社が組織運営するうえでの勝ち筋として、経営者・経営陣が「こうしたい」と思うものを選択的に選ぶことが必要です。**そしてこれは、上述のように移行することはありますが、複数を同時に選択することはできません。なぜならば、４象限の軸として「変化―安定」「中央集権―分散」と反対する概念を対立軸に置いているので、構造的な矛盾が発生するためです。

たとえば、①カリスマリーダー経営のスタンスを取っている会社が「権限委譲を進めたい」と考えたとします。組織規模が大きくなればこうした議論が出てくるのはよくあることなのですが、権限委譲を本気で進めたいならば③複数リーダー経営への移行をする覚悟が必要です。「権限委譲を進める」と言いながら、任せたリーダーの決定について、カリスマリーダーが後からトップダウンで覆すようであれば、権限委譲は成り立ちません。結局はカリスマリーダーに依存した組織になります。これはカリスマリーダー経営が悪いということではなく、トップダウンで意思決定することを残したいのであれば堂々と①カリスマリーダー経営のスタンスを取ると決めればいいのです。

組織にカルチャーを浸透させるには、組織にまつわるあらゆる活動が同じ方向性で一本化されていないと整合性が取れず、浸透しきれません。耳触りのいいフレーズを集めた〝いいとこ取りのカルチャー〟はあり得ないということです。

つまり、経営としてのスタンスをここで明確化することが、自分たちが目指すカルチャーをつくることの大事な一歩目となるのです。

ここまで、どういった方向のカルチャーがあるのかについて、経営スタンスの4象限で整理してきました。自社のカルチャーをつくっていくにあたり、どのようなプロセスで取り組めばいいのか、次章で順を追って説明していきましょう。

＊1　(https://www.slideshare.net/reed2001/culture-1798664)
＊2　「100年に一度の大変化の時代　トヨタが示す経営者に求められる決断」(『事業構想』https://www.projectdesign.jp/201907/owner-of-digital-age/006574.php)

第 3 章

カルチャーモデルをつくる

5段階のプロセスでカルチャーをつくる

では、実際に自社のカルチャーをどのように規定し、定義していくべきなのでしょうか。社史や社内報で会社の歴史をさかのぼる。創業者や経営者の考え方や価値観を言語化する。社員一人ひとりが会社の「あるべき姿」を考える――。いくつかのアプローチが考えられます。

いずれにせよ、まずは自分たちの会社がどんなカルチャーなのか。あるいはどんなカルチャーにしていきたいのか。暗黙知として共有されているカルチャーがどういったものなのかを棚卸することからスタートしてみましょう。

カルチャーをつくるプロセスは、次の通りです。

（1）現状のカルチャーを棚卸する
（2）ビジョン・ミッションを設定する
（3）カルチャーの方向性を決める
（4）カルチャーを言語化する
（5）カルチャーを浸透させる

この章では（1）から（3）について説明していきます。

現状のカルチャーを棚卸する

現状の組織のカルチャーはどのようなものなのか。企業が創業以来、経営者や歴代の社員が企業活動を行い、脈々と受け継がれてきたカルチャーはどうなっているのか。あるいはこれから起業するなら、明確な意志や方向性を持って、どのようなカルチャーをつくりたいのか。その具体的なイメージを明らかにする必要があります。

ここで参考になるのが、第1章で触れた7Sの考え方です。

- Stance：スタンス（組織としてのあり方）
- Shared Value：シェアドバリュー（行動指針）
- Structure：ストラクチャー（組織の構造・形態）
- System：システム（制度）

・Staff：スタッフ（人の採用や育成）
・Skill：スキル（組織としてのスキル、強み）
・Style：スタイル（組織風土）

前章で述べた「経営スタンスの4象限」が、7Sのうち「Stance：スタンス」に当たります。**組織としてのあり方がどれに分類されるかによって、7Sの他の6つの要素がどう規定されるべきなのか、おのずと方向性が見えてくるのです。**

その準備として、この7Sのフレームワークを埋めて、企業のカルチャーを棚卸してみましょう。今ある企業は、「こうありたい」「これが理想」というより、まずはありのままの現状を率直に挙げること。これから起業しようとしているなら、経営陣はどういうスタンスが好きなのか、どういうシステムに共感できるのか、どんなスタッフとともに働きたいのか、想定される場面をイメージしながら、棚卸してみるといいでしょう。

棚卸するうえでのガイドとして、7Sそれぞれに問いを設定しておきましたので、それに答えながら進めるとより取り組みやすいと思います。

Stance スタンス（組織としてのあり方）

安定的な成長を求めるか？ 激しく変化しながら成長するか？	▶
中央集権的な意思決定を好むか？ 権限委譲し分散的な組織運営を好むか？	▶
4つのうちどの象限が最も近そうか？	▶

Shared Value シェアドバリュー（行動指針）

バリュー、ウェイ、クレド、行動指針、 スローガン、社訓、大切にする価値観、など 言語化されたものはあるか？	▶
人事評価において、 「取るべき」「取らないべき」とされている 行動や言動はあるか？	▶
経営陣やマネージャー、 メンバーが口癖のように使う言葉はあるか？	▶
「うちの会社らしい」人材がとっている 共通する行動や言動はあるか？	▶

Structure ストラクチャー(組織の構造・形態)	
ヒエラルキーを重視する組織か? それともフラットな組織か?	▶
事業部別の組織か?　機能別の組織か?	▶
株主・取締役・執行役などの ガバナンス体制と権限委譲はなっているか?	▶

System システム(制度)	
評価制度はどういった特徴があるか? (年功序列、減点主義、成果主義、 行動評価など)	▶
評価・等級・報酬は どういった制度になっているか?	▶
福利厚生はどのようなものがあるか?	▶
その他、特徴的な人事制度はあるか?	▶

Staff スタッフ(人の採用や育成)

どういった人材を採用しているか？ 採用基準は？	▶
新卒採用と中途採用はどちらが中心か？	▶
育成の制度はどういったものがあるか？ （入社後の研修や、マネージャー研修など）	▶
昇進や登用の基準や、異動方針などのガイドラインはあるか？	▶

Skill スキル(組織としてのスキル、強み)

どういった人材が 高く評価される傾向にあるか？	▶
個の強さや多様性を尊重するか？ 組織としての凝集性を重視するか？	▶
特に強い部門や業界内でも 専門性が高い組織はあるか？	▶

Style スタイル（組織風土）

意思決定はどのように行う傾向にあるか？ （トップダウン、ボトムアップ、合議でなど） ▶	
飲み会やパーティーなど アンオフィシャルな活動は多いか？ どういう特徴があるか？ ▶	
オフィスの雰囲気や、日々の会話、 名前の呼び方などに傾向はあるか？ ▶	
情報共有の方法や、会議の仕方、 電話やメールの使い方などに特徴はあるか？ ▶	

こうして7Sを考えてみると、まだ具体的には記入がしづらいところや、「カリスマリーダーなのに、社員には権限委譲を進めようとしている」など矛盾しているところも出てくるでしょう。**そうやって改善すべき点や検討すべき点を洗いだすのが、この棚卸で重要なポイントです。**

カルチャーはビジョン・ミッションとも大いに関連してきますので、ビジョン・ミッションについてもここで言語化しておきましょう。企業によっては「経営理念」や「社是」と呼んでいたり最近では「パーパス（目的）」と呼んだりしているケースもありますが、意図は変わらないのでそちらで構いません。

また、「事業と組織は両輪」でもあるので、場合によってはこれと同時にビジネスモデルも棚卸し、そのビジネスモデルを機能させるカルチャーモデルになっているかどうか、改めて検討することをおすすめします。

いずれにせよカルチャーを構築するうえで重要なのは、まず企業のカルチャーを棚卸し、スタンスがどの類型に近いのか、実態を把握すること。そしてそのカルチャーを強固なものとするか、あるいは他のスタンスにシフトすべきなのか、どうありたいか決める準備をすることなのです。

ビジョン・ミッションを設定する

第1章でもお話ししたように、組織のカルチャーをつくるうえでビジョン・ミッションを定めることはとても重要です。とは言え、もともとビジョン・ミッションのある企業であれば、それを起点に考えられるものの、それらが果たして自社にとってふさわしいものなのか、事業成功を実現するために適切なものなのか、改めて検討する余地はあります。

また、一からビジョン・ミッションを設定しなければならない企業であれば、どのように「実現したい世界」や「ありたい姿」を思い描けばいいのか、言語化するのが難しいと感じるでしょう。実際、それらを設定するためだけにコンサルティングを依頼する企業も数多くあります。

ビジョン・ミッションを設定する

企業活動全体像

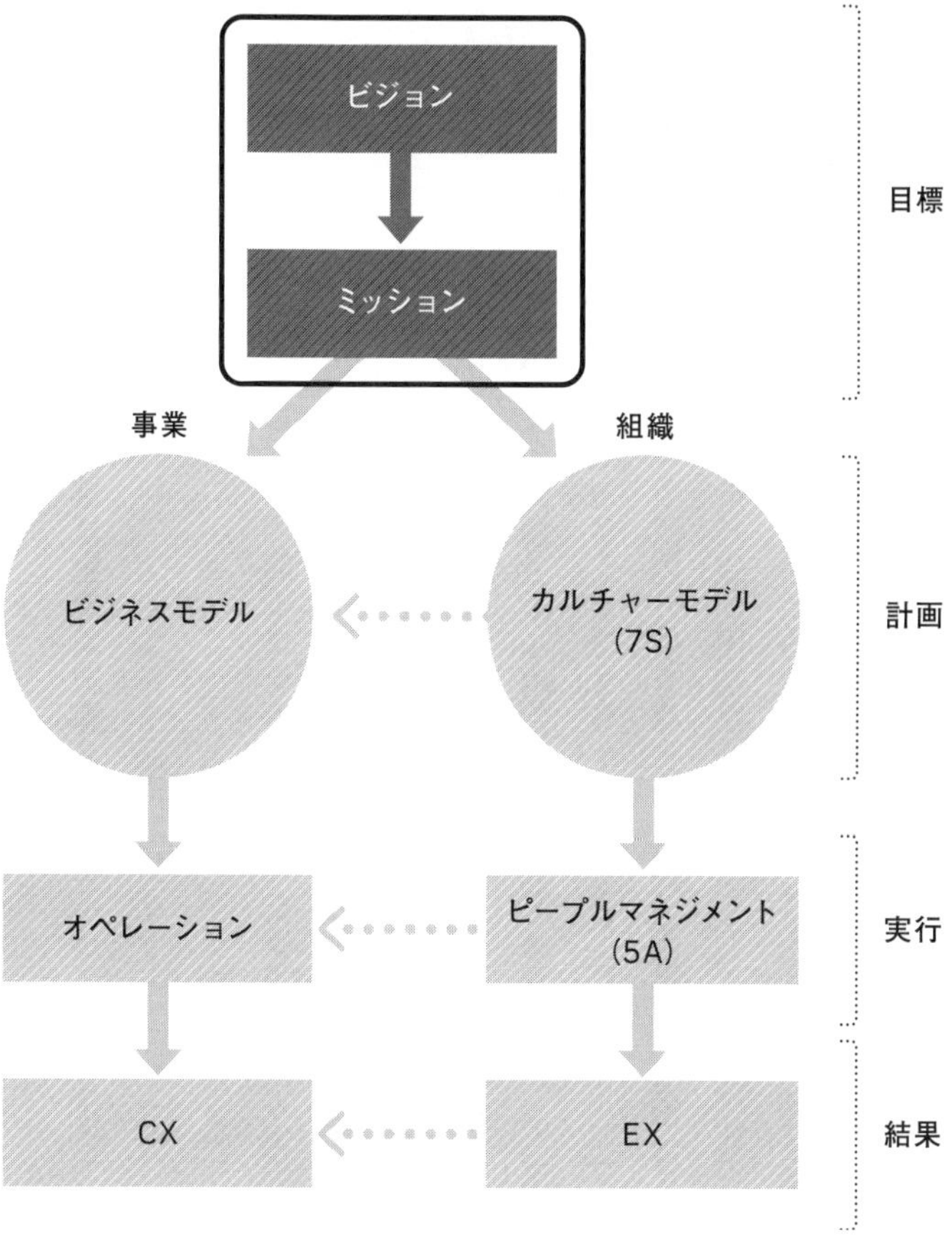

ミッションの重要性を説いたピーター・F．ドラッカー氏の著書など、既に世の中には優れた関連書籍がありますから、詳論はそれらに譲るとして、いくつか事例を紹介しましょう。

たとえば、アマゾンではミッションを「地球上で最もお客様を大切にする企業」とし、企業理念として「毎日が創業初日（Every day is still Day One）」としています。これは創業者でCEOのジェフ・ベゾス氏が自宅ガレージでアマゾンを創業したときから考えていたもので、今でも毎年ステークホルダーに向けて送るメッセージには「Day One」に臨む意気込みが綴られているといいます。

またSHOWROOMでは、ミッションを「努力がフェアに報われる世界を創る」とし、ビジョンを「〝エンターテインメント×テクノロジー〟で世界中に夢中を届ける」としています。これは、代表取締役社長である前田裕二氏が、幼少期に実の両親を亡くし、貧しい暮らしの中でギターの弾き語りを始め、対価を得た個人的な経験に基づいています。機会格差がなくなり、個人の努力が公正に報われる社会になることこそが、前田氏の強い願いであり、それを会社のミッションとして掲げたのです。そしてその不変のミッションを成し遂げるための手段を考えたとき、いまの時代背景からエンタメとテクノロジーに事業ドメインを当面はフォーカスすると決め、ビジョンを「〝エンターテインメント×テクノロジー〟で世界中に夢中を届ける」としたのです。

ビジョン・ミッションは会社が長期的に目指す姿でもあり、世の中に存在している存在意義でもあります。私たちは、事業を通じて利益を上げ儲けるためだけに働いているのでしょうか。私の答えはＮＯです。**社会に何かしらの価値を提供し、より良い世の中にするために会社が存在し、人はビジョン・ミッションに共感してその会社で働くのです。**

これほど重要なものですので、カルチャーの具体的な議論に入る前に、何よりもまず最初にビジョン・ミッションの設定を行いましょう。

ビジョン・ミッションを設定するヒントは、思わぬところに潜んでいるものです。

毎月行われる社長のスピーチで、「地域社会に貢献したい」「お客様に喜んでもらおう」などと繰り返し口癖のように言う言葉。あるいは、社員同士で「そうだね」「それっていいね！」といった言葉がよく飛び交うようなことがあれば、きっと会社でみんなが大事にしていて存在意義として認識していることなのでしょう。

また、社史や社内報を紐解いたとき、繰り返し出てくる言葉は、会社が脈々と受け継がれるなかで大切にしてきた価値観かもしれません。

いずれにせよ、どこかで借りてきたような、他の企業でもよく言われているような言葉ではなく、「この会社だからこそ言えること」「この会社しか言えないこと」を探すこと、そして経営陣や社員が心の底から実現したいと思えることこそが、目指すべきビジョン・ミッションへと直結するのです。

カルチャーの方向性を決める

カルチャーを言語化し、浸透させていくには、カルチャーモデル（７S）の設計が欠かせません。ビジョン・ミッションを設定した次は、会社として経営スタンスの４象限のうちどのスタンスを取るのかを決定します。これにより、カルチャーモデルの方向性が決まり、７Sのフレームワークのうちスタンスを除く６つの要素をどのように設定すべきか、ある程度見えてきます。

カルチャーモデルを設計するにあたっては、経営スタンスに従って、７Sの整合性が取れていることが欠かせません。カルチャーを組織全体に浸透させるには、すべての組織に関する施策や、経営陣や社員たちの行動・言動が一貫している必要があるからです。そこで、ここからは、４つの経営スタンスにおいて、それぞれどんなカルチャーモデル（７S）を設定すべきなのか、具体事例を挙げながら検討していきましょう。

カルチャーの方向性を決める

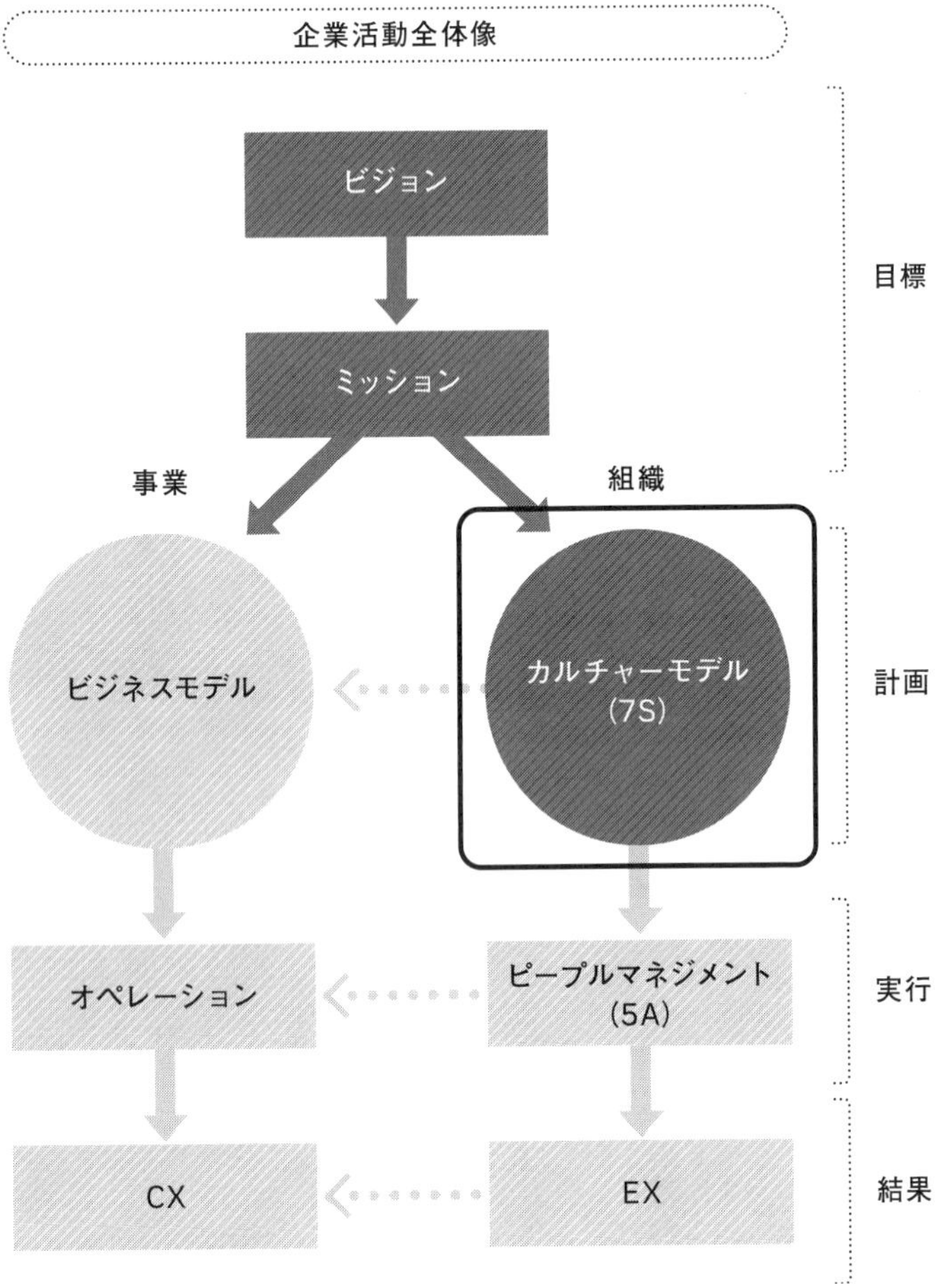

スタンス①　カリスマリーダー経営（変化×中央集権）

カリスマリーダー経営に取り組む企業はその多くが、創業者自身が今も経営実権を握っている企業です。企業のほとんどが、創業当初はカリスマリーダー経営でしょう。たった一人のファーストペンギンが、あるいはイノベーターが、自身のスキルと知見、課題意識を持って企業を創業し、プロダクトやサービスが成長するにつれて仲間が集まり、組織も成長していきます。

業界や規模も問いません。場合によっては、安定期や停滞期を経て、変革を求められる企業にカリスマリーダーが君臨し、采配を振るうこともあります。

——Shared Value：シェアドバリュー（行動指針）

カリスマである創業者、あるいは経営者自身が発する言葉が、事業や組織の指針となるため、明確なバリューを設定していない場合もたびたびあります。

ただ、組織が一定の大きさまで拡大すると、リーダーの言葉や考え方が伝わりづらくなり、事業成長のボトルネックとなってしまうことがあります。

それを防ぐためにも必要なのが、リーダー自身の経営哲学や価値観、美意識や思想を踏まえたバリューを設定することです。

たとえば、アマゾンには「Customer Obsession（顧客中心主義）」からはじまる14項目の「リーダーシップ・プリンシプル」がありますが、これはアマゾンが2002年にそれまであった6つのコアバリューを改めて言語化する形で設定したものです（＊1）。

また、アップルには明確なバリューは示されていないものの、1997年から2002年にかけて広告シリーズのコピーとして採用されていた「Think different」が、社内でもある種のバリューとして共有されていました。これは同1997年に実質的なCEOとして復帰したばかりのスティーブ・ジョブズ氏が、会社として持つべきコアバリューを広告にも反映したいと考え、広告代理店に制作を依頼したものでした（＊2）。

ジョブズが復帰した当時、アップルは経営不振にあえぎ、組織体としてもバラバラの状態でした。ジョブズは事業の選択と集中を進めるとともに、その指針となるバリューを広告コピーとし、アップルブランドの復権を目指したのです。

――Structure：ストラクチャー（組織の構造・形態）

カリスマリーダー経営の場合、良くも悪くもいかにトップにとって効率的に組織をマネジメントできるかどうかが重要なため、事業部別か機能別か、組織の構造はあまり問いません。トップが実権を握るため、ピラミッド型の構造になることが多いですが、少人数のうちは階層をあまり重ねず、フラット型ですべてトップが直接マネジメントを行える体制を取ることもあります。いずれにしろ、トップの意思決定により事業と組織の方向性が決まるため、全体としてスピード感を持って実行する組織となります。

トップが代表取締役社長やCEOを務めるだけでなく、筆頭株主になることも多いため、株主・取締役・執行役を意識したコーポレートガバナンスはどうしても疎かになりがちな点には留意が必要です。

System：システム（制度）

良くも悪くもトップ次第のところがありますが、ベースとして社歴が長く、トップの意向を汲んで成果につなげられる人が評価されることもあれば、社歴や学歴を問わず、トップが見込んだ人物を抜擢人事で登用することもあります。

カリスマリーダー型のトップは朝令暮改で言っていることが頻繁に変わるケースもあるため、制度設計が軽視されてしまうこともありますが、その場合、共有するバリューに基づいた制度設計を行ったほうが社員の納得は得られるでしょう。

１００名を超えるなど組織の規模が大きくなると、トップ自身が全員の人事評価を適切に行うことが難しくなってくるため、人事制度の設計はいずれにせよ求められてきます。そうした際には、創業者の組織や人材への考え方を色濃く反映した独自の人事制度を設計することで、人数が増えても求心力を維持することが可能となり、高い効果を得られるでしょう。

――Staff：スタッフ（人の採用や育成）

トップの考えや価値観に基づいて決定した事項を、やり遂げる実行力が重要です。トップは往々にして、達成不可能にも思える高い目標設定を行いますが、それを達成するために部下や同僚を巻き込み、広くサポートを得られるような信頼の厚い人物が評価されます。

トップの考えは頻繁に変わることもあるため、変化への耐性や対応力、柔軟性が求められます。

創業当初はトップに並ぶような専門性を持ったプロフェッショナルや即戦力を中心に組織を構成しますが、組織が一定の規模になれば、新卒社員を採用し、会社のカルチャーに染めて、目標達成のために着実に実行できる社員を育てていくことが事業の推進力となります。

カリスマリーダーのトップに好感を持ち、トップが掲げるビジョン・ミッションに共感して入社する社員が多いため、トップの積極的なメディア露出やSNSでの発信が、事業成長のためにも採用のためにも効果的となります。

Skill：スキル（組織としてのスキル、強み）

組織としてどんなビジョンを目指し、どんなミッションに取り組むのか。どんな意思決定を行うかはトップに依存することになります。そのため組織としての強みやスキルは、そのままカリスマリーダーであるトップ自身の強みやスキルに準拠することになります。

そして、トップの考えを広く伝えられるようなスポークスパーソン（代弁者）や、そのビジョンを具体的なアクションに落とし込む役員の存在が、事業の成長にも大きく関わります。

トップの意思決定に基づいて戦略が決まるため、全体的にスピード感を持って実行できる強みがあります。

Style：スタイル（組織風土）

トップの意思決定に基づき大胆な目標設定や新規事業立ち上げがなされるため、外部環境や市場規模にとらわれず、チャレンジすることが可能となります。一方でトップの考えや言動が是となるため、社員は上を見て判断を仰ぐ傾向が強くなります。

また、積極的な変化やカオスを好み、変化し続けながら成長することが競争優位性につながると信じているため、決まったルーティーンや安定した環境が用意されることはあまりありません。そのため、社員はその変化やカオスを楽しみ、柔軟に対応することが求められます。

トップダウンでの意思決定の早さと大胆さが、組織の圧倒的な強みとなります。特に、コロナ禍のような危機時においては、トップの意思で迅速な意思決定が行われ、環境変化へのスピーディな対応や、ピンチをチャンスに転換するなど、強いリーダーシップを発揮することが可能です。

実際に、星野リゾートでは、代表取締役社長の星野佳路氏の強いリーダーシップのもと、COVID－19（新型コロナウイルス感染症）拡大に対し、「18ヶ月プラン」を早期にまとめ、計画したシナリオに基づいてスピーディに各社員が実行に移せる状態を実現しています（＊3）。

事例①：サイバーエージェント

ＩＴ関連企業のサイバーエージェントは、代表取締役社長を務める藤田晋氏の強いリーダーシップによって、１９９８年の創業から20年余りで連結子会社１００社以上、売上高４５００億円を超える一大グループを築きあげました。

サイバーエージェントは「21世紀を代表する会社を創る」というビジョンを掲げ、次のようなミッションステートメントを制定しています。

インターネットという成長産業から軸足はぶらさない。
ただし連動する分野にはどんどん参入していく。
オールウェイズＦＲＥＳＨ！
能力の高さより一緒に働きたい人を集める。
採用には全力をつくす。
若手の台頭を喜ぶ組織で、年功序列は禁止。
スケールデメリットは徹底排除。
迷ったら率直に言う。
有能な社員が長期にわたって働き続けられる環境を実現。
法令順守を徹底したモラルの高い会社に。
ライブドア事件を忘れるな。

挑戦した敗者にはセカンドチャンスを。

クリエイティブで勝負する。

「チーム・サイバーエージェント」の意識を忘れない。

世界に通用するインターネットサービスを開発し、グローバル企業になる。


これは当初2006年に制定され、2009年、2016年に改定されて今の形になっています（＊4）。

組織規模が拡大するにつれ、会社の軸が見えづらくなってしまうことはよくありますが、このミッションでは「インターネットという成長産業から軸足はぶらさない」と明示。「オールウェイズFRESH！」と変わり続けることの重要性を明確にし、具体的な採用基準や行動指針を挙げています。

同時に「迷ったら率直に言う」「法令順守を徹底したモラルの高い会社に」など、カリスマリーダー経営の弱点となりうる心理的安全性やコーポレートガバナンスをカバーしています。

「抜擢人事」で若手社員を積極的に子会社の社長や事業責任者などへ登用し、成長機会を与えながら、「AbemaTV」や「AbemaNews」など戦略的な新規事業には藤田氏自身が社長に就任。先行投資型で多額の赤字を伴う事業を大胆に推進するなど、言わばサイバーエージェントは①カリスマリーダー経営でありながら、規模が大きくなるに従い徐々に後述の③複数リーダー経営へとシフトしつつあると言えそうです。

スタンス② チームリーダー経営（安定×中央集権）

チームリーダー経営に取り組む企業としては、大手メーカーや金融機関、インフラ系企業やチェーン店舗を展開する企業など、日本の多くの大企業が当てはまります。ヒエラルキー構造で、新卒一括採用や年功序列制度など、日本で働く私たちにとって馴染みのあるカルチャーが形成されています。

――Shared Value：シェアドバリュー（行動指針）

チームリーダー経営における強みは、「集団凝集性」の高さにあります。集団凝集性とはつまり、社員同士の相互作用や共有する目標などによって、会社としての結束が強まっていくこと。そのため、シェアドバリューでいかに多くの社員の共感を得られるものを設定できるかが重要です。

ただ、組織では合議による意思決定が重視されるため、明確なバリューが設定されていないこともあるなど、バリューを活用しきれていないところもあります。組織として都度、経営陣の考えをすり合わせ、意思決定していくことで、リスクを最小限にとどめ、確実性の高い判断を下すことがチームリーダー経営の強みと言える一方で、スピード感はどうしても遅くなりがちです。

日々のすり合わせを通じて、暗黙知でカルチャーが共有されていることが多く、言語化せずとも社員が一貫性のある行動を取ることができるのは、チームリーダー経営らしい良さと言えます。加えて、ビジョン・ミッションを明確化し、バリューを設定すれば、社員同士の共通言語が明確になり、スピードアップに寄与するでしょう。

―― Structure：ストラクチャー（組織の構造・形態）

チームリーダー経営は、会長や社長など経営者と執行役員、あるいはCｘO（最高執行責任者、最高財務責任者、最高技術責任者など、各領域の最高責任者）など複数の経営陣が合議によって意思決定を行うため、安定的でリスクの低い判断がされやすい構造です。

組織構造としては経営陣がピラミッドの頂点に立ち、そこでの意思決定やゴールが数値目標やＫＧＩ、ＫＰＩとして各部門や領域に下り、各部門はその指示のもと、ゴールの達成を目指します。

権限と責任は曖昧なままにしておいて、何か意思決定を行う際はつねにヒエラルキー上位の担当者に指示を仰ぎ、合議で決める形を好む会社が多いです。

――System：システム（制度）

人事評価制度としては、リスクを最低限に抑えるため、「減点主義」が好まれる傾向にあります。チームリーダー経営に当てはまる企業に金融業界、建設業界やエネルギー業界などが多い傾向にあるのは、ミスなく着実に業務遂行することが重要であり、それこそが顧客に提供すべき価値であるからです。

また、滞りなく合意形成を行えることが仕事の出来不出来を左右するため、長く組織に勤め、社内で幅広くネットワークを持つ人が成果を挙げる傾向にあります。そのため、年功序列を前提とした人事評価制度を取ることが多く、またそれには十分な合理性があります。

一定のスキルやマネジメント力を身につけられるよう、年次ごとに社内研修や昇進試験が行われ、一定の社歴であり、かつ試験など諸条件をクリアした人から昇進する制度が取られます。

Staff：スタッフ（人の採用や育成）

チームリーダー経営では集団凝集性を高めるため、新卒一括採用を行い、若手を「会社のカルチャーに染める」ことで団結力のアップを図ります。そのため、まだ社会人としての経験が浅く、働くことに対して先入観の少ない新卒社員を採用することが重視されます。

中途社員を採用する場合も、特定の分野に長けたプロフェッショナルであること以上に、既存社員とうまくやっていけそうなコミュニケーション能力の高い人やカルチャーフィットの高い人が優先されます。

また、長く働き、社内異動でさまざまな役職を経験して社内ネットワークに強い人や、和を乱さず、大きなミスをせず、着実に業務を遂行できる人が評価される傾向にあります。

そのため、社員はいわゆる「メンバーシップ型」と表現される雇用形態で、数年ごとに異動を行い、さまざまな部署や役職を経験させ、オールラウンダー型のキャリアパスを求めます。また、マネージャーとして昇進するに従って、社内調整力や目標達成力、部下への指導力が求められます。

Skill：スキル（組織としてのスキル、強み）

チームリーダー経営で重要視されるのは、社内に幅広いネットワークを持ち、情報収集能力と社内調整力の高い人です。あくまでピラミッド構造を尊重し、表立って越権的な立ち回りをするようなことは控えながらも、社内でどの役員や重役に根回しを行い、事前承認を得ていれば業務がスムーズに進むのかを心得ている人。あるいは極力リスクを抑え、事前リサーチやネゴシエーションを行い、組織として穏健に合意形成を図れる人が評価されます。

根回しや調整というと、ネガティブな印象を持たれる方もいらっしゃるかもしれませんが、むしろチームリーダー経営においては、これこそが組織の強みと捉えます。組織として、過度なリスクを取ることなく、安定して成長し続けるためには、むしろ効果的なアプローチと言えますし、すり合わせる力が強ければ強いほど、堅実性もスピードも上がるため、強固な組織が構築できていると言えるのです。

Style：スタイル（組織風土）

働くうえで重要なのは、なんといっても合議での意思決定です。そのため、課長、部長、役員など階層ごとに定期的に会議が行われ、そこの情報共有と意思決定が重要視されます。役職のある人はそこで決定したことを部下に適切に伝え、目標を達成するために各社員に業務を割り振ります。

会社として顧客に安心、安定的にサービスやプロダクトを提供することが価値につながるため、できる限りリスクを低く抑えられる意思決定が好まれます。

また、合議での意思決定が重要視されるため、常日頃からコミュニケーションを取るべく、オフィスで顔を合わせ、課題意識や意思決定を共有することが求められます。

安定志向で長期的に働く社員が多いため、福利厚生が手厚く、オフィス環境も充実していたほうが社員の満足度は上がります。また、会社としての結束や団結力を求め、レクリエーションや社内同好会活動、部署内での飲み会などを活発に行うことも効果的でしょう。

事例②：花王、ニトリ

日用消費財メーカーの花王は厳しい外部環境の中、日本の上場企業としては1位となる30期連続の配当金増配を達成し、安定的に成長し続ける優良企業です。花王では2004年、「花王ウェイ」という理念を制定しました（＊5）。

使命（ミッション）：豊かな生活文化の実現
ビジョン：消費者・顧客を最もよく知る企業に
基本となる価値観：よきモノづくり・絶えざる革新・正道を歩む
行動原則：消費者起点・現場主義・個の尊重とチームワーク・グローバル視点

制定当時、事業の多角化とグローバル化を進めるなか、会社として大切にすべきカルチャーを共有すべく、改めて言語化したもの。これらの言葉はもともとあった企業理念に加え、創業者の長瀬富郎氏の「天祐ハ常ニ道ヲ正シテ待ツベシ」という言葉を「正道を歩む」と解釈するなど、創業当初から脈々と受け継がれてきた価値観を花王ウェイという形で表現したのです。

1887年創業の企業だからこそ、これまでの事業で何を大切にしてきたのか、何が顧客に支持されてきたのか、その歴史をしっかりとコーポレートサイトやミュージアムとして発信し、ワークショップなどで社員の自社理解を深めるとともに、そのカルチャーを商品や広告として表現することで、長きにわたって安定的な成長をし続けてきたのです。最近では多様化する顧客ニーズを踏まえ、マスよりも小さな「スモールマス」を提唱し、顧客理解を深化させるマーケティング戦略をとっていますが、これもまたビジョンに「消費者・顧客を最もよく知る企業に」と掲げているからこそ、機能していると言えるのでしょう。

そして、長期にわたり安定して成長し続けているもう一つの事例が、ニトリホールディングス（以下ニトリ）です。ニトリは直近で、33期連続での増収増益を達成しているばかりか、創業し株式会社化した1972年に目標とした「30年で100店舗、売上1000億円」を、わずか一年の遅れで達成しています（＊6）。創業時に設定した30年後の数値目標を、確実な成長を積み上げて達成しているという稀有な成功企業と言ってよいでしょう。そのニトリは現在、以下のようなビジョンを掲げています（＊7）。

ロマン（志）：住まいの豊かさを世界の人々に提供する
第1期30年ビジョン（1973年―2002年）：100店舗　売上高1000億円
第2期30年ビジョン（2003年―2032年）：3000店舗　売上高3兆円

ニトリでは、ミッションにあたるものを「ロマン」と表現し、「企業行動の原点」と位置付けている上に、長期ビジョンとしての数値目標を大胆に掲げ、社員の総力を結集して達成してきています。創業者で代表取締役会長兼CEOの似鳥昭雄氏が、大きなビジョンを掲げるという点においてはカリスマリーダー経営の側面もありますが、組織力を結集した集団の力で成果を挙げ続けているという点では、チームリーダ経営と言えます。

特徴的なのは人材育成手法です（ニトリでは「人財」と表現しています）。ニトリは、「配転教育」を人材育成の中心に据え、いわゆるジョブローテーションによる育成を推進してきました。「配転を通じて自分の立場や周囲との関係が変わることで、物事の見方や考え方も変わり、その積み重ねで『広い視野』と『柔軟な思考』を養い、製造機能から貿易機能、物流機能も兼ね備えているニトリが求めるスペシャリストになる総合力を身に付けてきました。」とホームページにも掲載されています（＊8）。

この育成方針に従って、ニトリでは3年おきくらいに異動があります。店舗スタッフからスタートし、広告宣伝に異動し、また店舗スタッフに戻ったあと、次は人事で採用を担当する、といった具合です。このように異動を繰り返すことで、常に最前線の顧客視点を持ち続けるとともに、他部門の考え方や気持ちを理解し、すり合わせる組織力を高めています。こうして、広い視野を持ったメンバーが、チームとしてすり合わせながら、新しい企画を計画、実行し続けているのです。チームリーダー経営の強みを活かして安定的に成長し続ける強い組織づくりの好例と言えるでしょう。

スタンス③ 複数リーダー経営（安定×分散）

複数リーダー経営に取り組む企業としては、グローバルに展開する外資系企業や事業領域が多岐にわたるコングロマリット、それからプロフェッショナルファームなどが挙げられるでしょう。地域ごと、もしくは事業ごとに、リーダーがミッションの達成に向けてマネジメントに取り組みます。

── Shared Value：シェアドバリュー（行動指針）

複数リーダー経営の特徴は、事業別や地域別に組織運営し、各組織のリーダーに積極的に権限委譲を進めることです。事業領域や組織規模、あるいは各リーダーのスキルセットによって、その組織のカルチャーがさまざまに変わる可能性があるため、組織全体としてのバリューを設定し、意思決定を一貫させることが重要です。

言わば、多様な事業を束ねる軸として、根源的なビジョン・ミッション・バリューをつくることが重要であり、バリューはリーダー育成にも寄与することになります。リーダー育成の重要度が高いことから、「リーダーシップコンピテンシー」や「リーダーシッププリンシプル」などの言葉でリーダーシップを発揮するためのスキルが定義され、それがバリューとして機能し、カルチャーの中心に存在するケースもあります。

―― Structure：ストラクチャー（組織の構造・形態）

組織構造としては、ホールディングスや親会社などがヒエラルキーのトップとなり、事業会社や子会社がその下の階層に入る形になります。階層ごとに負うべき権限が異なり、どこまで権限委譲を進めるのかは企業の判断であらかじめ規定しておきます。

最もわかりやすい例で言えば、事業会社ごとに独立採算制を取り、営業利益を担保する責任と権限を事業会社の代表など責任者に委譲するやり方でしょう。

近年ではコーポレートガバナンスの観点から、取締役と執行役で役割を明確に分け、実際の企業経営と事業を執行役員など事業責任者が執り行い、それを代表取締役ほか取締役が監督する形式を取る企業も増えています。このように、権限委譲とガバナンスをセットで取り入れることがポイントの一つとなります。

――System：システム（制度）

複数リーダー経営の特徴は、成果主義が徹底されていることです。各事業の代表者は権限委譲によって成果を出す責任を負い、その権限の中で発揮した結果で評価されます。場合によっては外資系企業の一部には「Up or Out」で、特定の期間内に特定の役職にたどり着かなければ、退職を勧奨されることもあります。

また、業務範囲がジョブディスクリプション（職務記述書）によって明確に定義されており、その契約の範囲内で業務を遂行することが求められます。

そのため、人事評価制度も成果主義と職責に基づいて規定されており、それらに応じた数値目標やＫＧＩ、ＫＰＩなどが設定されます。

「より大きな責任を与えたほうが大きな成果を生む」という考えのもと、基本的にはそれぞれの役職にできる限り大きな権限が与えられ、それと共に責任も大きくなるため、ヒエラルキーの上位と下位で給与の差が大きくなる傾向にあります。

Staff：スタッフ（人の採用や育成）

役職が上がるほど受け持つ権限と責任は大きくなり、その職責を果たすことによってリーダーとして成長していくことが求められます。

いわゆる「ジョブ型」と表現される雇用形態で、中途採用を中心とする企業が多く、ジョブディスクリプションに基づいて一つの部門に長く所属し、プロフェッショナルとしてスキルアップを図ります。やがて、社内公募や推薦などでマネジメント職に挑戦し、そのポジションに見合う専門性やリーダーシップがある認められた者がチームや部門の責任者へとキャリアアップしていきます。

また、スキルを身につけるためのトレーニングやセミナーなどが社内で提供され、そうした場での評価も踏まえてマネジメント層へとプロモーション（昇進）していきます。

―― Skill：スキル（組織としてのスキル、強み）

権限委譲により、重要な意思決定の機会を設けたりプロジェクトを遂行したりすることで、組織としてリーダーを育成します。明確なジョブディスクリプションに基づいて採用が行われるため、専門性やスキルの高い人材が評価されます。

リーダーに求められるのはプロフェッショナルやスペシャリストとしてのスキルと知見、そしてバリューに基づいた的確な意思決定を通してチームを主導するリーダーシップスキルの双方です。そして、最終的には成果を収めることが強く求められます。

リーダーシップスキルの高い人材が多く育成されているため、地域や事業を拡大する際にも確実に成果を挙げることが可能な強い組織がつくられていきます。

── Style：スタイル（組織風土）

意思決定を行うのは、権限委譲されたリーダーが基本となります。その意思決定の重要度はヒエラルキーの上位になるほど高くなります。

経営側はどの階層にどこまで権限委譲するのか、あらかじめ規程で策定しておき、それに基づいたジョブディスクリプションで各社員と契約を結びます。

ビジョン・ミッション・バリューへの共感度が高く、事業会社や職種ごとに取り組む業務内容は違っていても、ある程度一貫したカルチャーが醸成されています。

株主・取締役・執行役を意識したコーポレートガバナンスが確立されていて、執行役員をはじめ事業責任者は組織として課された予算や数値目標を達成するために業務を遂行し、経営者や取締役は株主の利益を担保するためにそれを監督する責任を果たしています。

会社と社員がジョブディスクリプションに基づいた契約関係で成り立っているため、会社と社員が対等であるという認識が強くなります。そのため、プロ意識の高い社員の多い、強い組織につながりやすい一方で、会社と社員の関係はドライなものになりがちともいえます。

事例③：P&G（プロクター・アンド・ギャンブル）、GE（ゼネラル・エレクトリック）

日用消費財メーカーのP＆Gでは、ビジョン・ミッション・バリューに位置付けられるものとして、次のような理念を制定しています（＊9）。

企業目的（PURPOSE）

私たちは、現在そして未来の、世界の消費者の生活を向上させる、優れた品質と価値をもつP＆Gブランドの製品とサービスを提供します。その結果、消費者は私たちにトップクラスの売上と利益、価値の創造をもたらし、ひいては社員、株主、そして私たちがそこに住み働いている地域社会も繁栄することを可能にします。

共有する価値観（VALUES）

・私たちは、世界中で最も優秀な人材を引きつけ、採用します。
・私たちは、組織の構築を内部からの昇進によって行い、個々人の業績のみに基づき社員を昇進させ、報奨します。
・私たちは、社員が常に会社にとって最も重要な資産であるという信念に基づき、行動します。

行動原則（PRINCIPLES）

・私たちは、すべての個人を尊重します。
・会社と個人の利害は分かち難いものです。
・私たちは、戦略的に重要な仕事を重点的に行います。
・革新は、私たちの成功の礎です。

・私たちは、社外の状況を重視します。
・私たちは、個人の専門能力に価値をおきます。
・私たちは、最高を目指します。
・相互協力を信条とします。

いずれの項目にもたびたび「個人」という言葉が登場し、その能力向上や成長がひいては組織全体の、そしてその地域社会の繁栄につながる、というカルチャーが読み取れるはずです。有名なのは、1948年当時にアメリカ本社の会長を務めていたリチャード・R・デュプリーの「お金とビル、ブランドを取り上げられても、社員さえいれば、10年ですべてを元通りに再建できる」という言葉。それだけ長らく、会社にとって人こそが重要なものだという信念を持っていたのです。

そして原則として「BUILD－FROM－WITHIN」という内部昇進制を取り、新卒でも中途でも一社員として入社し、同僚らと切磋琢磨して成果を挙げ、なおかつ組織のカルチャーを理解し、体現している者がリーダーとなります。新卒であっても総合職採用ではなく職種別採用がとられ、面接段階から職種別に行っているのも特徴的です。

P&Gの事業はビューティ（化粧品）、グルーミング（ひげ剃り）、ヘルスケア、ファブリックケア&ホームケア（洗剤）、ベビー、フェミニン&ファミリーケア（オムツ、生理用品など）と日用消費財を網羅するものとなっていますが、「SK－II」「ジレット」「アリエール」などそれぞれプロダクトのブランドがしっかりと確立しています。ブランドマネージャーやカテゴリーマネージャーと言われるマーケターたちが、その製品やカテゴリーのPLに責任を持ち、売上や利益としての成果をあげることが求められており、権限と責任を極めて明確に設計し組織運営をしています。

また、組織を語るうえで外せないのが、アメリカのGE。トーマス・エジソンが設立したことでも知られるグローバル企業ですが、その事業領域は電子機器のみならずエネルギーやIT、医療など多岐にわたっています。1956年には「GEクロトンビル」という企業内大学を設立し、毎年約10億ドルを人材教育に投じるなど、その人材育成システムには定評があります。

そんなGEは2015年、それまでの「GEバリュー」に代わる「GEビリーフス」を制定しました（＊10）。

・お客様に選ばれる存在であり続ける
・より速く、だからシンプルに
・試すことで学び勝利につなげる
・信頼して任せ、互いに高め合う
・どんな環境でも、勝ちにこだわる

これらは当然、もともとは英語で記されたものですが、日本法人であるGEジャパンではその日本語訳を全社員から公募し、より多くの社員が納得のいく言葉を選んだといいます。

そして2016年にはこのGEビリーフスをもとに人事評価制度を制定。日本企業でもよく参考にされている年2回の「9ブロック」を廃止し、年間を通じて日々上司や同僚、部下からフィードバックを得る「パフォーマンス・ディベロップメント」を導入しました（＊11）。GEビリーフスと照らし合わせながら、どのように実践し、どんな成果を得られたか。対話を続けることで、よりスピーディに意思決定を行うプロセスを制度に組み込んだのです。

そういった意味では、ＧＥは組織体として③複数リーダー経営を維持しながら、シリコンバレーの企業に代表される④全員リーダー経営という、環境変化により強い経営スタンスへと、徐々に移行していると言えるでしょう。

スタンス④　全員リーダー経営（変化×分散）

スタートアップのトレンドとして、この全員リーダー経営を志向する企業が増えています。社員一人ひとりにリーダーシップとコミットメントが求められ、自律性の高い組織となります。バリューに沿ったスピーディな意思決定が担当者レベルでも可能となるため、変化に強い組織であることも特徴です。

――Shared Value：シェアドバリュー（行動指針）

全員リーダー経営において重要なのは、社員一人ひとりが起業家精神を持ち、リーダーに匹敵するような意思決定を行うことです。社員自ら課題を見つけだし、課題解決に取り組み、考えながら行動することを前提としているため、明確なビジョン・ミッション・バリューを提示し、あらかじめ価値観をすり合わせておくことが大切です。そうしなければ、重要な意思決定を行う際、その判断軸がブレてしまうからです。

そういう意味では、4つのスタンスの中で全員リーダー経営が最もバリューの重要度が高いと言えるでしょう。

バリューの設定にはなるべく全社員が関わるか、あるいはその決定プロセスを明らかにすることで、社員の納得感が得られるようにすることが重要です。

―― Structure：ストラクチャー（組織の構造・形態）

全員リーダー経営の特徴は、ヒエラルキーのないフラットな組織構造であることです。最もイメージしやすいのは、ホラクラシー組織でしょう。ホラクラシー組織とは、意思決定の主体がマネージャーではなく、社員が属するチームにあり、チームメンバーの総意によって意思決定がなされる組織のこと。ピラミッド型ではなく、大小のサークルが同じ階層に広がり、相互に重なり合い、連携しているような構造になっています。

それぞれのチームがビジョン・ミッションから具体的に設定されたゴールを達成するため、積極的に外部人材やパートナー企業も巻き込んでプロジェクトを推進します。

System：システム（制度）

制度設計はすべてバリューと紐づいています。チームや個人の業績目標として、ＫＧＩ、ＫＰＩあるいはＯＫＲ（ＯＫＲについては第5章で説明します）が設定され、それらを達成する責任を社員一人ひとりが持っています。その中には行動評価も含まれ、実際の仕事の中でバリューに沿っているか、バリューを体現しているかどうかが問われます。そうやって定期的にバリューの浸透度を測ることで、意思決定にズレが生じないよう調整するのです。また、目標設定の際、会社が求めるものと本人の意向をすり合わせ、会社のＷＩＬＬと本人のＷＩＬＬが重なるような業績目標を設定するのが理想的です。そうした業績評価と行動評価の双方によって、報酬が決定されます。

成果主義を前提にしていて、単純に労働時間から給与を算出するよりも、どれだけ成果を出したか、アウトプットで評価する企業が多い傾向です。裁量労働制を取り、成果を出したほど給与が上がるインセンティブを持たせたほうが、社員のモチベーションにもつながります。

マネージャーはあくまで役割とし、「出世して役職を得るもの」という意識はありません。マネージャーをはじめとするマネジメント職のほか、職種ごとに専門知識と経験を駆使するプロフェッショナル職がおり、どちらも同等にアウトプットで評価され、処遇されます。

Staff：スタッフ（人の採用や育成）

社員一人ひとりにリーダーシップとコミットメントが求められるため、自らなすべきことを考え自分で実行する、ときには周りを巻き込んで企画や計画を実現する実行力が問われます。

そのため、採用されるのは専門性やセルフマネジメント力の高いプロフェッショナルの中途人材が多く、新卒採用でも即戦力としての役割が期待されます。

組織として共有しているビジョン・ミッションに強く共感し、バリューにフィットした人材を採用することが必須となるため、人事だけでなく事業部門も採用に関わり、自分たちのチームにとってどんな人材がふさわしいか、面談などを通して相互理解を深めます。また、オンボーディング（会社やチームにスムーズに溶け込めるよう、メンター制度やランチ制度、セミナーなどが一連のプロセスとして組み込まれた人事プログラム）を準備することで、入社した社員が自律的に成果を挙げられる環境を整えることが重要となります。

――Skill：スキル（組織としてのスキル、強み）

専門性やセルフマネジメント力の高い社員が集まっているため、部門ごとに業績目標を設定し、実現するためのチーム編成を適切に行えば、組織として大きな成果を挙げていくことが期待できます。そのため、マネージャーに求められるのは、個人の目標達成を詰めるようなマイクロマネジメントを行うのではなく、コーチングやメンタリング、サポートを行うことで、社員が最大限にパフォーマンスを発揮できる環境をつくることです。

また、こうした専門性の高い分散した組織においては、ダイバーシティ（多様性）を高めることも組織的な強みを醸成することにつながります。ダイバーシティにより、個々の違いから相互に学び合い、化学反応によるイノベーションも期待できます。

Style：スタイル（組織風土）

組織として重視されているのは「バリューに沿った意思決定や行動がなされているか」「それによって成果が挙がるか」どうかで、そこに至るまでの細かなプロセスは問いません。積極的に権限を社員に委譲し、重要な意思決定の機会を与えるため、社員の成長が促されます。

ビジョン・ミッション・バリューは明確に設定されているものの、「こうしなければならない」といったルールは設定されていないことが多いため、カオス（混沌とした状況）が生まれやすいカルチャーです。そういったカオスが新しい事業やアイデアを生むと信じられているため、むしろそれを歓迎する社員が多いのです。

個人としてセルフマネジメントに長けた社員が多いため、環境変化の中でも各自が適宜判断し対応していくスピードの早さは大きな武器となりますし、リモートワークでもチームが機能しやすい傾向にあります。その反面、バリューによる意思統一ができていないと行動がバラバラになり、カルチャーが醸成できずに組織力が低下していくリスクもあるため、この点には留意する必要があります。

―――事例④：Airbnb

Airbnbは2008年創業のユニコーン企業。「民泊」をプラットフォーム化し、シェアリングエコノミーを代表する企業となりました。
共同創業者でCEOのブライアン・チェスキー氏は創業当初から企業のカルチャーを意図的に設計しようと考え、一人目の従業員を採用する前に6つのコアバリューを設定。現在は次のようなミッションとバリューを掲げています（日本語訳は『Airbnb story』リー・ギャラガー著・関美和訳・日経BPを参考）。

OUR MISSION（アワーミッション）
Create a world where anyone can belong anywhere（世界中を居場所にする）

CORE VALUES（コアバリュー）
Champion the Mission（使命を掲げる）
Be a Host（おもてなしの心）
Embrace the Adventure（冒険を喜ぶ）
Be a Cereal Entrepreneur（「シリアル起業家」になる）

採用に際して、世界的に見ても優れた人材であり、かつAirbnbへのカルチャーフィットを重視し、コアバリューに沿った人物であるかどうか、コアバリューを専門に見る担当者や実際に働くことが想定される部署のメンバーらとの面接が設定されるのだといいます（＊12）。

Airbnbの事業は社員だけでなく、民泊を提供するホストをはじめさまざまなパートナーやステークホルダーが関わることで、はじめてサービスを提供することができます。そのため、明確なミッションとコアバリューを掲げることで、サービス品質の安定を目指したのです。結果、創業から10年余りで、全世界で約７５００名を擁するグローバル企業となりました。

ただ、２０２０年初頭からのＣＯＶＩＤ−19による影響のため、Airbnbは従業員の約25％に及ぶ規模のレイオフを実施することを決定しました。そこでチェスキー氏が発表したのは、従業員に向けた公開メッセージです（＊13）。

旅のあり方が今後変わっていくこと、またもとの状況には戻らないであろうことを指摘しながら、今後のプロセスを明記。退職の対象となる従業員については退職金やストックオプション、ヘルスケア、転職支援などあらゆる形でサポートを約束しました。

また、ホストに対しては救援基金を設立し、20億ドルの追加資金調達を実施。長期滞在型のサービスに注力するほか、オンライン体験プログラムなどホストの新たな収益源を提供。いずれも順調に推移しています。

そして何より、こうしたレイオフに関するメッセージを、透明に、オープンに、対外的に公開したということがAirbnbのカルチャーを表していると言えるでしょう。ビジョン・ミッション・バリューを浸透させ、透明に情報を共有することで、一人ひとりが自律したリーダーとして行動することを期待しているのです。

Airbnbは3人の共同創業者がおり、当初から④全員リーダー経営を志向する組織でしたが、今回のコロナ禍に際し、一時的に①カリスマリーダー経営的なスタンスを取ることで、トップダウンの強いリーダーシップを発揮し、危機的な状況を脱しようと試みているとも言えそうです。

スタンスは事業や戦略によって異なるべき

ここまで経営スタンスの４象限から、スタンス以外の６つの要素がどのように規定される傾向にあるのか、あるいはどう規定すべきなのかを論じてきました。そして、一つ言えることは、組織によってふさわしいカルチャーが異なるように、どの経営スタンスが正しいという答えはないということです。また、これまで紹介してきたように、経営スタンスを移行するケースや、一時的に異なるスタンスを取り入れるケースもあります。

「カルチャーの方向性を決める」とはつまり、外部環境や内部環境、ビジネスモデルなどを踏まえたうえで、これが自分たちの組織づくりにおける勝ち筋だと信じ、自分たちの納得のいくスタンスに定めること。それに伴って他の6要素を「これだ」と定めることなのです。

また、どのスタンスにどんなビジョン・ミッションがふさわしいのか。それもまた唯一の答えはありません。何か答えめいたものがあるとすれば、「自分たちが本当にそれを成し遂げたい、その世界を実現したいと言えるものなのか。心から信じられているかどうか」ということです。

ただ、最近の傾向から見られるように、変化の激しい時代だからこそ、組織に対応力やレジリエンスが求められるのは確かです。GAFAをはじめとするシリコンバレー企業の組織論が注目されたり、究極的に自律的な組織の「ティール組織」が話題となったりしているのも、そういった背景があるからです。

とはいえ、自社のカルチャーを棚卸した結果、②チームリーダー経営で、中央集権型の強力なヒエラルキーがある組織だったにもかかわらず、いきなり「④全員リーダー経営を目指そう」と形からグーグルやAirbnbのようなカルチャーを目指すのは、組織に混乱を招く可能性も非常に高いでしょう。また、経営スタンスは維持したままで、他社が行っている福利厚生制度の一つをそのまま真似して導入するなどということは避けるべきです。カルチャーの一貫性のない施策は浸透しないばかりか、従来強みであったカルチャーが損なわれる危険もあるのです。

ここで重要なのは、会社のカルチャーの方向性を決めたら、カルチャーを言語化し、あらゆる手段で一貫して浸透させるということ。カルチャーを変える、カルチャーを自らつくるのだと、やりきる覚悟を持つことです。

たとえば、①カリスマリーダー経営で、トップが主体となって意思決定を行ってきた企業が、組織が拡大するにつれ、③複数リーダー経営でマネージャーへの権限委譲を進めたとします。けれどもこれまでのカルチャーを払拭しきれず、マネージャーが行った意思決定を「それはない」「もっとこうしたほうがいい」と、トップが口を出し続けたり、成果が伴わず失敗してしまったことを「君に任せるには早すぎた」と突き放したりしたとします。そういったことが続くようなら、マネージャーたちはどんどんモチベーションを失い、うまくいくはずのこともうまくいかなくなってしまうのです。

また、会社の事業や組織として持っている強みによって、適したスタンスは異なります。たとえば、電力会社や建設会社など、社会インフラを支えるような会社が④全員リーダー経営を志向し、「自ら課題を見つけ出し、新しいアイデアを形にしよう」と走り出せば、既存事業を維持する機能にほころびが生じてしまうかもしれません。そういった場合、全体として主幹事業を支える部門は②チームリーダー経営のスタンスを保ちながら、新規事業開発部門のみ④全員リーダー経営を志向するような方法が考えられます。

いずれにせよ、カルチャーをつくるうえで重要なのは、会社のビジョン・ミッションを明確にし、それを実現できる組織のあり方を7Sの要素から多角的に検討すること。そしてスタンスを決めたら、7Sの他6要素――シェアドバリュー・ストラクチャー・システム・スタッフ・スキル・スタイルとの整合性を取り、カルチャーを言語化することです。

ゴールにたどり着く道のりは一つではありません。社会的な情勢とトレンド、自社の置かれた環境、自社がそれまで培ってきた強みは何かと客観的に捉え、今後進むべき道のりを選ぶべきなのです。

カルチャーフィットした職場の提供自体が、社会的責任を果たすことになる

　スタンスを決め、カルチャーを言語化することは、人の採用にも影響を及ぼします。自社がどんなビジョン・ミッションを目指し、どんなスタンスを取っているのか。「成し遂げたい世界」「ありたい姿」はどのようなものなのか。その中で社員たちはどのように働き、どんな成果を挙げ、どう評価されているのか。求職者は社外から見えてくる情報からそれを読み解き、自分がどの企業に就職するかを決定します。

「カリスマリーダーのもと、世の中を変えるようなダイナミズムを自分も体感したい。組織の一員となって、その意思決定を間近で見てみたい」と考える人もいれば、「積極的に権限委譲を進め、若手のうちから大きな事業に責任を持って取り組みたい」と考える人もいるでしょう。

つまり重要なのは、ここで示した会社のスタンスが、実際の組織のカルチャーと乖離がないこと。会社が社員に求める人材像と、入社した社員の人物像やスキルセットに食い違いがないことです。

世の中に見られる会社と個人との間に起こる軋轢や不幸は、そのほとんどがカルチャーのズレ――「カルチャーフィット」の軽視によるものではないでしょうか。入社してみて、「フラットな組織と言われていたのに、上司に意見できるような雰囲気じゃなかった」「若手から活躍できると言われていたのに、5年は下積みをしなければならなかった」……そういった無数の「こんなはずではなかった」によって、楽しく働けないどころか、我慢や苦痛を強いられるような状況で「働かされる」なんて、あってはならないことです。

そういう意味では、企業は世の中に提示するビジョン・ミッション・バリューが、有名無実となることがないよう、気をつけなければなりません。**カルチャーを会社の中でも外でも一貫したものにすることは、企業が果たすべき社会的責任と言えるのではないでしょうか。**

ここまでどんなカルチャーをつくるべきなのか、
（1）現状のカルチャーを棚卸する
（2）ビジョン・ミッションを設定する
（3）カルチャーの方向性を決める
というプロセスに沿ってお話ししてきました。

次章では（1）から（3）を踏まえながら、「（4）カルチャーを言語化する」について、私自身の経験に基づきマクドナルドとメルカリの具体事例から解説します。

＊1　「These are Amazon's 38 rules for Success」（『FAST COMPANY』 https://www.fastcompany.com/90334069/these-are-amazons-38-rules-for-success）
＊2　「スティーブ・ジョブズが何を考え『Think Different』の制作にあたったか」（『JASON RODMAN』 https://jasonrodman.tokyo/steve-jobs-think-different/）
＊3　「星野リゾート　新型コロナ『最初の緩和期』、成長戦略にも着手」（『日経ビジネス』 https://business.nikkei.com/atcl/forum/19/00031/061000012/）

*4 「CyPitch」(https://www.cyberagent.co.jp/careers/special/engineer2021/assets/pdf/cypitch_ver2.pdf)

*5 「花王ウェイ(企業理念)」(https://www.kao.com/jp/corporate/about/policies/kaoway/)

*6 「ニトリ似鳥昭雄氏が語った『リスクとの闘い、人作る』」(『日経ビジネス』 https://business.nikkei.com/atcl/seminar/19/00025/070400027/?P=1)

*7 「ニトリの理念」(https://www.nitorihd.co.jp/division/philosophy.html)

*8 「進化する人材育成」(https://www.nitori.co.jp/recruit/career/education/)

*9 「WORK WITH A COMPANY THAT RESPECTS YOUR DECISIONS」(https://japan.pgcareers.com/pg について /purpose-values-principles/)

*10 「GE社員33万人の〝バイブル〟だった行動指針『GEバリュー』を変えた真意」(『ダイヤモンドオンライン』 https://diamond.jp/articles/-/109629)

*11 「これから必要とされるのは強さだけでなく、『弱さをも見せられるマネジャー』」(『キャリアコンパス』 https://ix-careercompass.jp/article/539/)

*12 「Lecture 10 - Culture (Brian Chesky, Alfred Lin)」(https://www.youtube.com/watch?v=RfWgVWGEuGE)

*13 「A Message from Co-Founder and CEO Brian Chesky」(https://news.airbnb.com/a-message-from-co-founder-and-ceo-brian-chesky/)

第4章

いかにカルチャーを言語化するか

カルチャーを言語化する

ビジョン・ミッションを設定し、会社のカルチャーを棚卸して、会社のスタンスを決めたら、次は「カルチャーを言語化する」プロセスに入りましょう。「カルチャーを言語化する」とは、カルチャーモデルとして設計する7Sの各要素の整合性をとり、どんなカルチャーを体現するのか、具体的に言語化することです。

ここでいうカルチャーの言語化とは、「成果主義での評価制度にしよう」「新卒一括採用で自社らしい社員を育成していこう」といった人事制度や採用などの方針を決めていくことを指します。さらにここで、人事制度や採用計画、育成プログラム、福利厚生、オフィス環境といった具体的な施策に落とし込めると理想的です。言語化した方針の実現可能性を検証し、方針のより詳細な意味合いまですり合わせることにつながるためです。

カルチャーモデルを言語化する

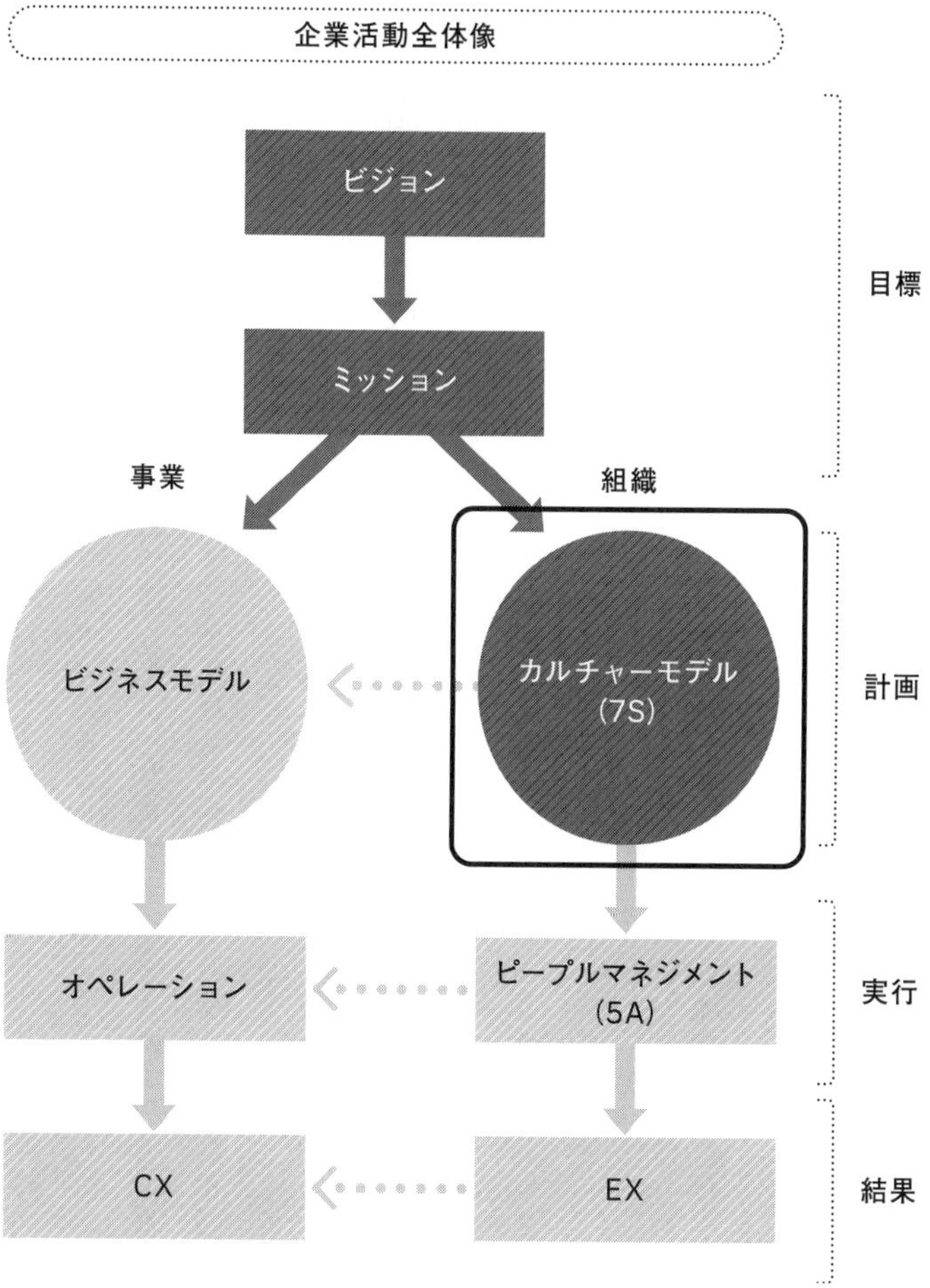

このように言葉にして表現することで、自社がどういったカルチャーを目指すのかを明確に共有化できます。これにより、今までなんとなく空気のように存在していたカルチャーが可視化され、社内で考えの相違があれば議論してすり合わせることができます。また、社員数の多い組織であっても全員にその想いを伝達することが可能になります。

ここまで解説してきた内容の理解を深めるため、カルチャーをどのように言語化してゆくか、具体的な事例で考えていきましょう。私自身の経験から、日本マクドナルドとメルカリ、それぞれ異なるスタンスの企業で取り組んだ、カルチャーを意図的に構築するための試みです。

日本マクドナルドでは、当時私自身が組織風土改革プロジェクトを仲間と推進した実例を元に、経営者の交代がスタンスに及ぼした影響や、新たなカルチャーをどう言語化するかについて、私なりの視点からまとめています。一方、メルカリの場合は、事業の拡大や人員増加などに対応するため、元々のカルチャーをより明確に言語化した事例として、実体験に基づいてお伝えします。

新たなカルチャーを言語化する［日本マクドナルドの事例］

日本マクドナルドは前述の通り、日本的なカルチャーを持ちながら、アメリカ仕込みの徹底したチェーンオペレーションで、各店舗では「Q・S・C＆V」という理念のもと、「Quality（品質）とService（サービス）、Cleanliness（清潔さ）あってこそValue（価値）につながる」という考え方で効率的で質の高い店舗運営を行っています。

私が在職していた２０１３年、本社ではトップダウンで経営改革を推進し業績を向上させてきた原田泳幸氏が退任し、サラ・カサノバ氏がＣＥＯに就任。新ＣＥＯのサラは、従来のトップダウン型とは異なり、社員一人ひとりの提案を重視する経営者で、「あなたはどう思う？」「あなたはどうしたい？」と社員によく問いかけていました。

元々、日本マクドナルドの組織的な強みは、トップが決めた戦略を徹底してやり切るという実行力にあると私は感じていました。サラはその実行力の強さに加え、一人ひとりが考え事業を推進できる強いリーダーの多い組織を目指しているのだと、私の目には映りました。

経営者が替われば、多少なりともリーダーシップスタイルは異なり、組織は一定の困惑が生まれるものです。このケースのように、トップダウンからボトムアップへと組織を移行する段階においては、得てしてトップと社員の間での期待値ギャップが発生します。たとえば、社員たちは「明確に指示をしてほしい」とトップに期待し、一方トップは「自主的に提案して推進してほしい」と社員に期待するのです。組織の変革が一夜にして成ることは当然なく、こうしたギャップにより組織が一時的に停滞する事例は多くあります。そして、マクドナルドでも、サラの着任当初は、従来との変化に戸惑った社員もいたように感じられました。

本書の提案する経営スタンスの4象限でこのケースを説明すると、「①カリスマリーダー経営」から「③複数リーダー経営」へのシフトに取り組もうとしたと言えます。それもそのはず、マクドナルドはグローバルで見れば、各国の社長に経営を任せる複数リーダー経営のスタンスを取っていたので、グローバル化を推進するなかでは必然とも言える流れでした。

一方で、経営者の社員への期待と、社員の経営者への期待とのギャップなどから、組織の変革期に起こりがちな、ある種の停滞感が生まれているように私には感じられていました。そうした中、追い討ちをかけるように2014年から2015年にかけて、中国のサプライヤー工場における原材料の消費期限切れ問題（事実としては、消費期限の切れた原材料は日本マクドナルドには輸入されておらず、消費期限切れ製品の販売はありませんでした）や異物混入報道など、食の安心・安全をめぐってお客様にご心配をおかけしてしまい、2015年12月期には過去最大の赤字を計上することとなりました。

当時、私は社長室長を務めていましたが、業績の低迷は、私を含め社員の自信を失わせていくことを痛感しました。そして、ボトムアップ型の組織へと変革する中にあって、社員が自信を失っている状況では、この変革を強力に推進することは難しく、こうした雰囲気を払拭するような手を打たなければと考えていました。

――一人の若手社員の声からカルチャーが変わる

重苦しい雰囲気が漂っていた2015年夏、サラ宛てに一通のメールが届きました。入社5年目の若手女性社員からの直談判でした。「組織の意思決定が遅いし、入社したときと比べて社内の雰囲気が悪くなってきてしまった。社員が働く意義を取り戻しモチベーション高く働けるような、対話の場を設けるべきではないか」といった内容です。直属の上司に提案したところ、「業績が厳しいし、今は組織風土をどうこう言うよりも、目の前の業務に集中すべきだ」と返答され、それならばと、CEOであるサラに相談したのです。

サラは彼女と喜んで面談し、「なんでも協力するから」とサポートを約束し、社長室長である私にその取りまとめを指示しました。

私としても、これは良い機会だと思いました。彼女のほか、同年代で志を同じくする社員に声をかけ、若手社員4人で「組織風土改革プロジェクト」をスタートしました。はじめはあくまで自主的な活動として、週2回ほど早朝の業務時間外に集まって組織の課題を話し合っていました。

そのなかで出てきたのは、本社スタッフに「多様なバックグラウンドの社員が増えたことの影響があるのでは」という仮説でした。従来、本社には、店舗の店長やその上司にあたるスーパーバイザーの経験者が多くを占めていました。そのため、本社スタッフも「あうんの呼吸」で意識がすり合い、組織としては効果的に機能しているように見えていました。

その後、前任の原田氏が社長に就任して以降、ジョブ型の採用を推進し、各部門に専門性の高いプロフェッショナル人材を置き、組織力を高めました。これにより、専門性は高まり一定の成果を挙げていたのは事実だと思います（私自身も、専門性の高い方々から多くを学ぶことができました）。一方で、多様なバックグラウンドを持った人材が増えたことで、前提となる考え方の違いが生まれ、組織内のすり合わせの難易度が上がっているのではないかと考えたのです。

そこで、「本社スタッフに共通する行動指針があればすり合わせやすいのでは」という考えがチームから出てきました。店舗には「Q・S・C＆V」という明確な理念があるものの、私たち本社スタッフにとっては言語化された理念や行動指針はないと気づいたのです。トップダウン型で組織運営している間はそれでも問題ありませんが、人材が多様化するなかでボトムアップ型を志向するとなると、なんとなくの「あうんの呼吸」で意識を揃えていくことが難しくなっていたのです。

そこで、私たちは自分たちの手で新たなバリューをつくり、仕事への向き合い方を変えていこうと決意しました。こうしたバリューは往々にしてトップダウンで決定されることも多いですが、本社にいる社員が全員参加して、「ボトムアップ型で何らかの意思決定を行い、成功体験を得る」ことで、働く意義を見つめ直すきっかけになるのではないかと考えたのです。それこそがサラの求めるボトムアップ型の経営スタイルだと思い、サラに相談したところ、強く賛同し後押しをしてくれました。こうしてオフィシャルな活動として、組織風土改革プロジェクトを進めていくことになりました。

――ワークショップを通じてカルチャーを言語化する

はじめにプロジェクトメンバーを募ったところ、30名ほどの有志が集まりました。公募としての呼びかけでしたが、「若手が勝手にやっている」というような雰囲気にならないよう、部長やマネージャークラスの社員の方にも個別に声をかけ、「ぜひ公募に応募して力を貸してほしい」と直接お願いをしました。

こうしたボトムアップ型で有志の活動を進める際には、会社全体を巻き込むことが欠かせません。そのためには、プロジェクトをリードする公募メンバーを誰が担うのかが極めて重要となります。一部の部門や年代、役職などに偏っていたりすると、それ以外のグループは冷めていきます。そのためここでは、あらゆる部門、あらゆる年代、あらゆる役職、新卒も中途も、店舗経験者も専門職スタッフも……、というように、幅広い方々に協力を仰ぎました。そして、それぞれの層にとって影響力の大きい中核となる方々に、リーダーの一人として参加するようにお願いしました。こうすれば、「○○さんが協力してるなら自分も」とその周りの社員がついてきます。こうして、全社的な大きな取り組みは広がってゆきました。

公募で集まってくれた約30名を「リーダーズ」と名づけ、プロジェクトを企画した4名は「事務局」と位置付け、裏方に回ることにしました。あくまで、組織全体を巻き込み、火をつけていく主役は公募で手を挙げた30名であり、「リーダー」の役を担ってもらいたいという想いからです。

バリューの策定は、リーダーズが中心となって次のプロセスで行いました。あくまでボトムアップで策定していくことにこだわっています。

（1）ワークショップで組織における課題を出し合う

リーダーズがファシリテーターとなって、1回3時間ほどのワークショップを実施しました。複数回にわたって行い、約６００名の本社スタッフほぼ全員が参加してくれました。

ワークショップは、JALなど他社の経営再建や組織風土改革の事例から、バリューの重要性についての共通認識を醸成するところからスタートしました。そのうえで、マクドナルドにはどういう経営理念やミッション、バリューがあるのか、それが今どのように機能しているのかについて、前提として確認しました。

ワークショップのメインの議論は、「本社スタッフとして取るべき行動・あるべき姿勢」について洗い出しをすることとしました。本社スタッフはマクドナルド全社においてどういう役割を担っているのか。その役割を果たすためには、どうした行動を取るべきなのか、付箋を使ってグループごとにブレインストーミングを行いました。ここでは、「スタート・ストップ・コンティニュー」と言われるフレームワークを活用し、「新たに始めるべき行動」「やめるべき行動」「続けていくべき行動」に整理しました。こうすることで、組織としてのありたい姿や、それに対する現状の課題を浮き彫りにしていったのです。

最後には、一人ひとりが「今日からの自身の行動のコミットメント」を一つ決めて発表し、行動変容を促して、ワークショップは終了という流れでした。

ワークショップで重視したことは、各回の参加者の多様性を担保し、誰もが自由に発言できる環境を用意することでした。同じ部門や職種で固まることなく、違う考えの社員同士がグループワークで議論することを通じて、いろんな考えを理解したり、ギャップに気づいたりするというプロセスを重んじました。

そして、立場や肩書きを気にせずオープンに議論し、異なる意見を尊重することをグランドルールとしました。実際に、取締役も執行役員も、一参加者として参加し、ワークショップの冒頭では破られた執行役員の名札の写真を提示し、肩書きは関係ないということを印象付けたりもしました（その場で自分の名刺を破って見せてくれた役員もいたのです！）。

――（2）組織課題を10個に集約し、投票して優先順位をつける

ワークショップで付箋などから集められた本社スタッフの声を、一つ残らずリストにまとめ、それを集約してリーダーズが中心となりグルーピングを行いました。グ

ループにまとめていくと、似たものもかなり多く、最終的には10個の組織課題に集約されました。

この組織課題のなかで、重要かつ解決すべき優先度の高いものに絞り込むのが次のステップです。ここで僕らは、全スタッフに再び協力を仰いで、投票によって優先順位をつけることにしたのです。あくまでボトムアップで、全員の声を反映しながら進めるためです。

投票において重視したことは「可視化」でした。どれが票を集めているか目に見えてわかりやすいこと、全員が参加して進めていると感じられること、透明性があって信頼ができること、が理由です。そのため我々は、10個の組織課題を紙に書いて壁に張り出し、そこに丸い小さなステッカーを一人ひとりが貼って投票するという方法を取りました（バリューは3～4つにまとめたかったので、一人3票までとしました）。

投票の結果を受けてリーダーズで検討し、上位4つの組織課題を改善していくことに決めました。その4つの組織課題がこちらです。

・部門を超えた連動ができてない
・顧客視点の不足
・現場視点の不足
・主体性や責任感に欠ける

こうした課題を見ると、もしかするとあなたの会社でも思い当たるところがあるのではないでしょうか。

(3) 優先すべき課題をバリューに置き換える

最後に、この4つの課題を解決するために、課題の裏返しとしての「取るべき行動やあるべき姿勢」を言語化し、バリューとして定義をしていきました。

たとえば、「顧客視点の不足」という問題に対しては「お客様の視点を持とう」「カスタマーファースト」といった言葉に置き換えられます。

そうやってリーダーズで設定したのが、「Be! CUSTOMER（まずはお客様になって考えよう！）」「Go! GEMBA（まずは現場に行こう！）」「Work! TOGETHER（まずはチームで取り組もう！）」「Act! FIRST（まずは発言・行動しよう！）」からなる４つのアクション宣言です。これらは、マーケティング時代からお世話になっていた広告代理店さんにお願いして、コピーライティングやポスターなどへのビジュアル化をしていただきました。日本語を話さない外国籍社員も所属していたため、日本人でも使いやすい簡単な英語にしています。

このようにして、本社として「お客様視点・現場視点で物事を考え、チームとしてともに仕事に取り組み、自ら行動を起こす人であろう」と宣言したのです。

これらはカルチャーモデルにおいてはシェアドバリューにあたるものですが、ここではあえて「スタッフ宣言」と呼んでいました。これは、マクドナルドでは「バリューセット」などバリューという言葉は他でも使うことが多かったこともありますが、「本社スタッフが店舗スタッフに約束して宣言するもの」と位置付けたかったためです。店舗を支援するべき本社スタッフの私たちが、店舗に強く約束し、もしこの通りの行動が取れていなかったら、ぜひ指摘してほしいと。**最前線で働く店舗スタッフに対してコミットするためのものとして、4つの宣言が形骸化することなく徹底して実行されるように促したのです。**

なお、このケースでは、経営再建中だったため、組織課題を定義し、それの裏返しとしてバリューを設定しています。もちろん、課題からではなくて、「ありたい姿」という理想像から入ってバリューを設定することも可能だということはここで付け加えさせてください。

―――新しいカルチャーによりV字回復を実現する

経営陣の承認を経て2016年1月、年始に行うキックオフミーティングの場で、このプロジェクトの起点となった若手社員に、この4つのアクションを宣言してもらいました。全国のフランチャイズオーナーや全店舗の店長、取引先などが一堂に会し、

４０００名ほどが見守る壇上で、緊張の面持ちながら真剣に訴える彼女の姿に、フランチャイズオーナーの中には泣いて感動する方もいらっしゃいました。本社と店舗が一丸となって、この危機的な状況を乗り切ろうという気運が高まったのです。

その後、「マックチョコポテト」「名前募集バーガー」といった新メニューが好評を呼び、「ポケモンＧＯ」とのコラボレーションが実現するなど、新たな施策の展開もあり、店舗には少しずつお客様が戻ってきてくださいました。この年には営業利益も黒字に転じ、以降回復を続け、２０１９年12月期には過去最高となる５４９０億円の全店売上高を記録しています。

日本マクドナルドの業績回復は、一つ一つの店舗、一人ひとりの店舗スタッフの努力の結果に他なりません。本社スタッフは、オペレーション支援や、商品開発・マーケティング活動、スタッフの採用や育成の支援、店舗の新規出店や改装など、挙げればキリがないですが、さまざまな観点からサポートをしています。こうした一つ一つの積み重ねによって、業績回復は成し遂げられました。そしてこれは、どれか一つが欠けても実現しなかったと、私は思います。

皆でつくり上げた4つのアクション宣言は、あくまでこうした数々のアクションを企画し実行するための行動指針にすぎず、業績との直接的な因果関係は証明できるものではありません。しかし、**行動指針が揃っていたからこそ、多くのアクションを店舗とお客様のために一丸となって実行することができ、業績回復につながったのだと、私は信じています。**

ボトムアップでカルチャーを言語化し当事者意識を生む

ビジョン・ミッション・バリューといった組織のカルチャーの根幹に関わることは、トップの意志がなくては変えられないと考える人も多いでしょう。

それは事実です。トップのコミットメントは必要です。

けれどもこの日本マクドナルドの事例は、たった一人の社員のメールがきっかけでした。もちろん、その声に耳を傾けたトップの影響は大きかったのも確かです。ただ、「トップに言われたからやった」ではなく、ボトムアップで少しずつ賛同者を増やしていく。ときには賛同者だけでなく、「今そんなことやる必要あるの？」「その前に売上を伸ばさなきゃいけないだろう」といった、異なる視点をもつ部長・マネージャークラスに対しても、「役員の皆さんも参加しているので」としたたかに巻き込んでいく。そうやって本社に在籍する約６００名の社員にバリューの策定に関わってもらうことで、会社が置かれた危機的状況を共有し、何が課題なのか、そのために何ができるのか、自らの行動として具体的にイメージしてもらいました。

こうしたプロセスを踏んだことにより、最終的に決まった４つのアクション宣言にも「自分が関わった」という当事者意識が生まれ、一人ひとりが自分ごととして捉え、行動変容を促すことにつながったのだと思います。そしてそれが、「ボトムアップで会社を動かすことができた」という成功体験を共有することにもつながり、経営スタイルの変革を推進することへと貢献できたのだと私は考えています。

日本マクドナルドのカルチャーを7Sで捉える

この事例の最後に、カルチャーモデルの7Sの考え方に沿って、私の視点からまとめなおしてみたいと思います。

日本マクドナルドは本社主導のオペレーションシステムのもと、全国に広がるチェーン店舗を運営する中央集権型の組織となるため、スタンスとしては「②チームリーダー経営」を取っているように見えるのではないでしょうか(創業者の藤田田氏が実権を握っていたときは、典型的な「①カリスマリーダー経営」だったと思いますが)。

ただ、アメリカ法人やカナダ法人など海外のグループ会社がホールディングスの株主となり、グローバルで見れば、国別・地域別に組織のリーダーが存在する③複数リーダー経営をとっていると言えます。そして、日本においてもそれに倣って、2015年には日本を3つの地域に分ける「地域別組織」を導入。分散化と権限委譲を進め、「③複数リーダー経営」を志向するようになりました。

人や組織に関する方針としては、プロフェッショナル人材を中途採用しながら、若手にも積極的に機会を与えてリーダーを育てているように見受けられました。私自身、28歳のときに史上最年少で部長に抜擢されたのも、そうした数あるリーダー育成のアクションの一つとしてのトライアルだったのだろうと、今になって思います。

ここで、日本マクドナルドがその経営スタンスを、③複数リーダー経営に移行したという前提のもと、２０１６年当時のカルチャーモデルを７Ｓで私なりに整理してみたものをご紹介したいと思います。マクドナルドが実際に７Ｓで設計していたわけではありませんが、当時の施策を整理してみると、③複数リーダー経営として、極めて整合性のとれた７Ｓが展開されていたことが見て取れます。

・Stance：スタンス（組織としてのあり方）

③複数リーダー経営

・**Shared Value：シェアドバリュー（行動指針）**

「Be! CUSTOMER」「Go! GEMBA」「Work! TOGETHER」「Act! FIRST」（本社としてのバリュー）

・**Structure：ストラクチャー（組織の構造・形態）**

フランチャイズを中心とした店舗を運営するピラミッド型の組織
3つの地区本部に組織を分け、各地区本部長に権限を委譲
本社は部門を統合するなどしながら縦割りを排除

・**System：システム（制度）**

業績連動型のインセンティブを導入
副業を認めるなど多様な働き方を推進

・**Staff：スタッフ（人の採用や育成）**

新卒採用及び中途のプロフェッショナル人材を採用

女性店長の育成などダイバーシティを重視
変革を主導する人材の登用

・**Skill：スキル**（組織としてのスキル、強み）
現場スタッフをマネジメントするリーダーシップスキルを重視
本社では専門性の高い組織でありつつ、現場理解も重視

・**Style：スタイル**（組織風土）
組織風土改革プロジェクトの実施
ファン＆スマイル！

元のカルチャーをより明確に言語化する［メルカリの事例］

メルカリではミッションとして「新たな価値を生みだす世界的なマーケットプレイスを創る」、それを達成するためのバリューとして、「Go Bold（大胆にやろう）」「All for One（全ては成功のために）」「Be a Pro（プロフェッショナルであれ）」を掲げています。２０１３年に設立されたメルカリがまだ社員10名ほどだったころ、現・取締役会長の小泉文明氏が提案し、二度の経営陣合宿を経て決まったのがこのミッションとバリューでした。あらゆる社員が覚えやすいようになるべくシンプルに、かつグローバルにも通用する英語で、と考え抜かれた言葉です。

私がメルカリへ入社した２０１７年当時、組織は６００名ほどとなり、急成長の真っ只中でした。同年に子会社のメルペイが設立され、2019年2月には電子決済サービスを開始するなど、ビジネスモデルが多角化し、外国籍のメンバーも増えて多様性も増すなかで、改めて自社のカルチャーを明確にする必要性がありました。

先述のように自分たちの仕事の目的や意味を再定義し、チームの名前を「人事総務本部」ではなく「ピープル&カルチャー」としたのも、社員同士で口ぐせのように飛び交っていた「性善説」という言葉を「Trust & Openness（トラスト&オープンネス）」と再定義したのも、カルチャーの言語化の一環でした。

事業と組織が急速に成長し、メンバーの多様性も広がるなか、暗黙知として共有されてきたカルチャーをより明確に可視化し、言語化することで形式知としてより多くの社員と共有することの必要性が高まっていました。そして、判断軸を明確にすることで、カルチャーに一貫性を持たせることもより重要になっていました。

――元からある「ビジョン・ミッション・バリュー」を疑ってみる

「メルカリは社会に何を成すために存在していて、メルカリの社員が抱くべき価値観とはなんだろうか」。メルカリでは経営会議の場でこうした本質的な議論を何度も繰り返してきました。

そういったなかで挙がったのは、そもそもミッションとバリューはそのままでよいのだろうか、という議論です。たとえば、メルカリのミッションである「新たな価値を生みだす世界的なマーケットプレイスを創る」という言葉が、金融事業を行うメルペイと整合性が取れないのではないか、といった具合です。

確かにメルペイがミッションとしてマーケットプレイスの創造を掲げるのは、若干違和感があります。マーケットプレイスの創造とはつまり、物の売り買いをする市場(いちば)を創造するということ。メルカリとしてはまさにど真ん中のミッションですが、電子決済を行うメルペイには馴染みません。だからと言って、メルカリとしてはまだグローバル市場拡大への道は半ば、これからも積極的にチャレンジしていく必要があります。

そこでメルカリとしてのミッションは変えずに維持しながら、メルペイとしては「信用を創造して、なめらかな社会を創る」というミッションを別途設定し、バリューはメルカリと共通のものとしました。

また、バリューについても内容を精査した結果、「Go Bold」「All for One」はそのままですが、「Be Professional」から「Be a Pro」という表現に改めました。海外出身者やアメリカオフィスで働くネイティブスピーカーと何度も議論を重ね、意味としてはそのままながら、英語圏でより適切なニュアンスで伝わる言葉にして、より正しい理解を広げたいという意図を込めたのです。「Be a Pro」とはつまり、専門性――高いスキルと自己研鑽はもちろんのこと、オーナーシップ――成果への責任感や強い当事者意識を持ち、最後までやり抜くこと、と再定義しました。

そしてカルチャーを「Trust & Openness（トラスト&オープンネス）」とし、「性善説」という言葉をグローバルでも伝わる言葉に置き換えました。Trust & Opennessとはつまり、お互いに信頼し合うことを前提とし、情報がオープンに共有され議論もフラットになされる環境であること。激しい市場の変化に対応すべく社内でも変化は激しかったため、カオスな環境であっても変化を受け入れることも併せて定義しました。

細かく定義する範囲と解釈の余地を残す範囲を分ける

次に策定したのが、「Mercari Culture Doc（メルカリ・カルチャー・ドック）」です。ちなみになぜ「メルカリ・カルチャー・ドック」という名前になったのかというと、メルカリではグーグルドキュメント（Docs）であらゆる文書をつくるカルチャーがあるためです。レイアウトやデザインに時間がかかりがちなパワーポイントではなく、書く内容そのものに専念し、リアルタイムで複数名が編集できるグーグルドキュメントを重宝しているのも、メルカリらしさが伝わるカルチャーの一つ。カルチャーをより浸透させる仕掛けとして、「メルカリ・カルチャー・ドック」と名付けたのです。

なぜカルチャー・ドックを設定したのか。それは「人」というリソースに最も投資し、人の強さが競争力であるからこそ、人や組織・働き方について「共通認識」を醸成したほうがいいのではないか、と考えたからです。当時、社員も1500名を超え、国籍も40カ国以上となり、ますます多様な人材が集まるようになってきたメルカリにおいて、改めて「メルカリらしさ」を定義し、カルチャーを明確にすることが重要でした。1年も経てば社員は倍の数になるほどの急激な変化のなかで、改めてカルチャーを言語化し、共通認識として揃えようとしたのです。

そこでまず、バリューについて議論したところ、「シンプルだからこそ、人によってその解釈にブレが出てしまうかもしれない」「もっと細かく、厳密に定義したほうがいいのではないか」といった意見が新入社員を中心に挙がりました。

確かに、「Go Bold」とは、どのくらい大胆なことを表しているのか。「Be a Pro」で求められるのはどれほど高いスキルなのか――より詳細に言語化して、なるべく齟齬が生じないようにすることも一つの方法です。けれどもあまりに厳密に定義して、ルールのようにしてしまえば、社員一人ひとりの考える力を奪ってしまう恐れがあります。

シンプルな言葉だからこそ解釈の余地が生まれ、社員同士が「これってGo Boldだよね？」「All for Oneだからここは協力するところでは？」と、具体的な事象をもとに互いに考えをすり合わせ議論することで、共通認識としてのカルチャーを浸透させることにつながるのです。

その一方で、求める人材像や働く環境、評価方法、コミュニケーションなど、**日々のオペレーションやピープルマネジメントについては、毎回議論が必要となるとコミュニケーションコストがかかり、意思決定に時間がかかってしまいます。**ですから迷ったときに参考にできるようなガイドラインとして言語化し、本来やるべき仕事に集中できるような体制づくりを行おう、と。そこでメルカリ・カルチャー・ドックを策定することにしたのです。

――社員一人ひとりが実務的に使えるレベルにまで言語化する

メルカリ・カルチャー・ドックはピープル＆カルチャー、つまり人事部門が主体となって策定しましたが、その内容は極めて実務的なものです。**それはカルチャーを担うのは人事だけでなく社員一人ひとりであり、その実行には現場レベルでのオペレーションとピープルマネジメントが欠かせないという信念からです。**

実際、カルチャー・ドックがある程度まとまった段階で各チームのマネージャーたちと対話し、果たしてこのカルチャー・ドックに違和感はないか。書き加えたい項目はないか、とその内容について議論しました。現場を最もよく知るマネージャーたちの理解も踏まえたうえで、このカルチャー・ドックが生まれました。

そしてこのカルチャー・ドックによって構築されたカルチャーが機能することで、組織が円滑に回り、事業の推進力となる。まさに事業と組織の両輪を意識した施策です。

メルカリの「カルチャー・ドック」

メルカリのカルチャー・ドックの策定にあたっては、人事的な細かい内容に入る前にまず、メルカリが求める人材像を明確に定義しました。ミッションに共感していることや、バリューを体現することなど、基本的なことではありますが、採用するにしても、育成・評価するにしても、まずは「どういう人材であってほしいか」というメッセージを明確に伝えることが重要と考えたからです。

次に強調したのは、組織のグローバル化に関する内容です。「新たな価値を生みだす世界的なマーケットプレイスを創る」というミッションを掲げるメルカリでは、事業だけでなく組織もグローバルであることを前提としていました。そのため、世界中からトップクラスのタレントを採用していくことや、そうした人材がポテンシャルを最大限発揮できるように、ダイバーシティー&インクルージョンのポリシーや、社内公用語についての考え方などを整理しています。

それ以降は、エンプロイーエクスペリエンスを向上させるための施策を具体的にまとめていきました。新卒・中途それぞれの採用方針や、入社後のオンボーディング、評価・報酬や福利厚生などの人事制度、異動・登用やキャリアなど人材育成、オフィスや働き方など環境面、それから社内外のコミュニケーションのポリシーなどが、含まれています。最後には、退職についての会社としての考え方まで書かれていて、入社から退社までが網羅的にまとめられています（退職といってもネガティブなものではなく、卒業後の活躍を応援する趣旨の内容でした）。

このように、メルカリ・カルチャー・ドックでは、メルカリで働くうえでのあらゆる会社と個人との接点について、いかにカルチャーを伝えるか、詳細にわたり言語化しています（内容は適宜更新されるので、上記はあくまで私が携わった策定時のもので、現在はアップデートされている部分もあるかもしれません）。

このカルチャー・ドックの素案となったのは、代表取締役CEOである山田進太郎氏（メルカリでは「進太郎さん」と名前で呼ぶスタイルだったので、以降、進太郎さんと呼びます）が書き留めたもの。事業フェーズも組織フェーズも変化していくなかで、それでもなおメルカリとして大切にすべきフィロソフィーが書かれています。それらをピープル&カルチャーのチームメンバーで検討し、各部門のマネージャーとの議論を経て、経営陣の承認の上、正式な文書として言語化したものがこのカルチャー・ドックです。

カルチャー・ドックの策定をきっかけに、創業者の進太郎さんや、バリュー導入を推進した小泉さんの暗黙知を、言語化することを試みたわけです。**そして、組織として議論し言語化するプロセスそのものが、社員たちのカルチャーへの理解を深めることにつながりました。**

ただし、ビジョン・ミッションを明確にし、自社のカルチャーを言語化するだけでは、残念ながらカルチャーモデルは機能しません。次章で解説する「カルチャーを浸透させる」プロセスが非常に重要なものとなってきます。

メルカリのカルチャーを７Ｓで捉える

ここで、カルチャー・ドックを踏まえ、メルカリのカルチャーを７Ｓで整理してみたものを紹介します。

メルカリでは、創業当初から、手取り足取り教えなくても自走できる自律したメンバーのみを採用すると決め、よりお客様に近いところにいる現場のメンバーに大胆に権限委譲をしています。外部環境の変化には、現場の一人ひとりがスピーディに対応していくというスタンスは、④全員リーダー経営を志向していると言えます。

そして、メルカリで何より特徴的なのは、カルチャーの中心に常にバリューが存在していることです。採用も人事制度も、カルチャーに関連するあらゆる観点において、必ずバリューに沿って検討されてきているため、７Ｓの整合性を意識せずとも、④全員リーダー経営として一貫性のあるカルチャーモデルが築き上げられています。

・Stance：スタンス（組織としてのあり方）
④全員リーダー経営

・Shared Value：シェアドバリュー（行動指針）
「Go Bold（大胆にやろう）」「All for One（全ては成功のために）」「Be a Pro（プロフェッショナルであれ）」

・Structure：ストラクチャー（組織の構造・形態）
バーチャルホールディングスの形態を取り、事業はメルカリJP、メルカリUS、メルペイ、の各社に権限委譲する
最小単位でのマネジメントで、フラットで風通しのいい組織を維持する
マネージャー一人が管理するメンバーを8名までに絞り目が行き届くようにする

・System：システム（制度）
絶対評価で、一人ひとりが実力でフェアに評価され、報酬が決まる

パフォーマンス（成果）とバリュー（行動）の双方で総合的に評価する
全社業績を全員で目指すため、株式インセンティブを全社員に付与する

・**Staff：スタッフ**（**人の採用や育成**）
「ミッションへの共感」「バリューの体現」「カルチャーフィット」を採用基準とし全メンバーに求める
新卒も中途も採用するが、いずれも職種別のジョブ型の採用とする
マネージャーは役割であり、スペシャリストとしてのキャリアも開かれている

・**Skill：スキル**（**組織としてのスキル、強み**）
自律的な組織で、カオスの中でも自走しながら結果につなげられる
業界トップクラスの専門性の高い人材が集まる

・**Style：スタイル**（**組織風土**）
Trust & Openness（信頼を前提にしたオープンなカルチャー）

言語化するプロセスそのものがカルチャーの理解を深める

当然ながら、企業のカルチャーをいかに言語化するか、そのプロセスは企業によって異なります。日本マクドナルドのように本社としてのバリューを明確化したもの、メルカリのようにカルチャー・ガイドを作成し詳細まで文書化したもの……それぞれの印象は異なるでしょう。

ただ、いずれにせよ一つ言えることは、言語化するプロセスそのものが、社員一人ひとりにとってカルチャーの理解を深め、カルチャーを浸透させるのにつながるということです。

たとえば「お客様を大切にする」というバリューを設定するとしたら、お客様はどんな方を想定しているのか、「大切にする」とは具体的に何を指すのか……と、議論が起こるでしょう。「フラットな組織である」としたら、フラットとはどの程度フラットで、ヒエラルキーがないのか、マネージャーはいるのかいないのか、いるとすればどんな役割を期待されているのか、そのなかでのコミュニケーションはどんなものとなるのか……と。

つまり、こうして自社のカルチャーについて議論し、言語化することによって、社員同士の考えがすり合わされ、共通認識を持てるようになるのです。

仮にこの言語化のプロセスが、経営陣のなかだけで判断され決定されたり、議論もなく会社のトップが独断で決めたりすれば、言語化の意味はなくなってしまうと言っても過言ではありません。

重要なのは、経営層が決めたものであっても、社員一人ひとりがそれを議論し、解釈し、考えて自分ごと化するプロセスなのです。

言語化することは「意思決定のロールプレイング」

カルチャーを言語化するにはさまざまなアプローチが考えられます。トップが素案を考える、経営陣が大枠をつくる、経営合宿で決める、社員全員から「〇〇らしさとは？」「〇〇の社員に望む資質とは？」「どんな人なら採用したい？」など問いかけ、答えをもらって集約する――。

そうやって言語化されたカルチャーをグルーピングし、分類していくと、一定の傾向が見えてくるはずです。そして、似たような言葉はまとめて集約し、わかりやすい言葉に整理すると、ときには矛盾する考え方も出てくるのではないでしょうか。

たとえば、「行動するときには仮説を立てよく考える」と「考えている暇があれば即行動」。あるいは「スピードを重視する」と「丁寧なサービスを提供する」。そうやって相反する価値観が出てくると、「どちらのほうが重要なのか」「それを両立できる考え方はないか」などと議論が生まれます。

こうして議論することによって、疑似的に企業活動のなかで起こりうる事象に基づいて意思決定することができるのです。その議論をできる限り多くの社員と共有すればするほど、社員のカルチャーへの理解は深まり、確固たるものとして確立することができます。

言語化しても言葉にとらわれすぎないようにする

言語化するにあたって、さまざまな人から言葉を集約するとしても、その言葉にとらわれすぎてはいけません。メルカリの社員たちが口々に言う「性善説」という言葉を「Trust & Openness」と言い換えたように、現時点において社内でよく使われている言葉が必ずしもふさわしいものとは限らないからです。その言葉の意味に影響され、本来重視すべき本質を見失ってしまうことがあります。

言葉には必ず人の解釈が入ります。そこには人によって解釈の幅があり、それに起因するズレが生じることもあります。

けれども「ズレている」とお互い認識し、どのくらいズレているのか、そのズレを解消するにはどうすればいいのかと議論を深めることで、互いの認識は重なっていきます。ですからカルチャーを言語化する際、社員が少しでも違和感を覚えることがあれば、それを見過ごさず、共有することが大切です。

言語化だけでなく「可視化」というアプローチもある

カルチャーを共有する手段は何もカルチャーの言語化だけではありません。企業によってはグラフィックやビジュアルなどで表現される場合もあります。

たとえばフェイスブックには「アナログ・リサーチ・ラボ」という機関があり（＊1）、アーティスト・イン・レジデンスとしてアーティストたちを雇い、経営層が話した言葉やスローガンなどにインスパイアされたアート作品を制作。オフィスに掲出しています。

社員たちはそこで表現されている価値観や考え方に対し、自分なりの考えや感想を持ち、ときには仲間と議論する。あるいはそのビジュアルから言外の意味を感じ取る。そうやって自ら解釈し、お互いにそれをすり合わせることで共通認識を持つことができるのです。

ですからカルチャーの言語化・可視化には、唯一の答えはありません。あらゆる方法のなかから自分たちの企業に合った方法を選び、自分たちなりに考え、議論し合う。その議論に基づいて自分たちなりに行動する。そして社員一人ひとりが自分たちの言葉で自社のカルチャーを語れるようになったとき、カルチャーを意図的に構築することができたと言えるでしょう。

そして、どういったプロセスで設計するか、どういった形で可視化するか――考えながら議論し、実際の行動につなげるという手法そのものが、その会社のカルチャーを体現し、カルチャーを浸透させる手段となるのです。

＊1　(https://www.facebook.com/analoglab/)

第5章

カルチャーの浸透のさせ方

ピープルマネジメントを通じてカルチャーを浸透させる

カルチャーを言語化し、計画の段階が完了したら、最後は「ピープルマネジメント」を通じた実行の段階にいよいよ入ります。

そして、ここからがこの本の「カルチャーモデル」における肝です。どんなにユニークで優れたビジョン・ミッションを設定し、企業のカルチャーを言語化し、何を指針として働けばいいのか、明確なバリューを設定していても、「カルチャーを浸透させる」というプロセスがなければ、文字通り「絵に描いた餅」となってしまい、カルチャーをうまく機能させることはできません。

企業のカルチャーを構築するというのはなんとも厄介なもので、たゆまずカルチャーを浸透させ続けなければ、本来構築するつもりだったカルチャーが形骸化して

ピープルマネジメントを通じてカルチャーを浸透させる

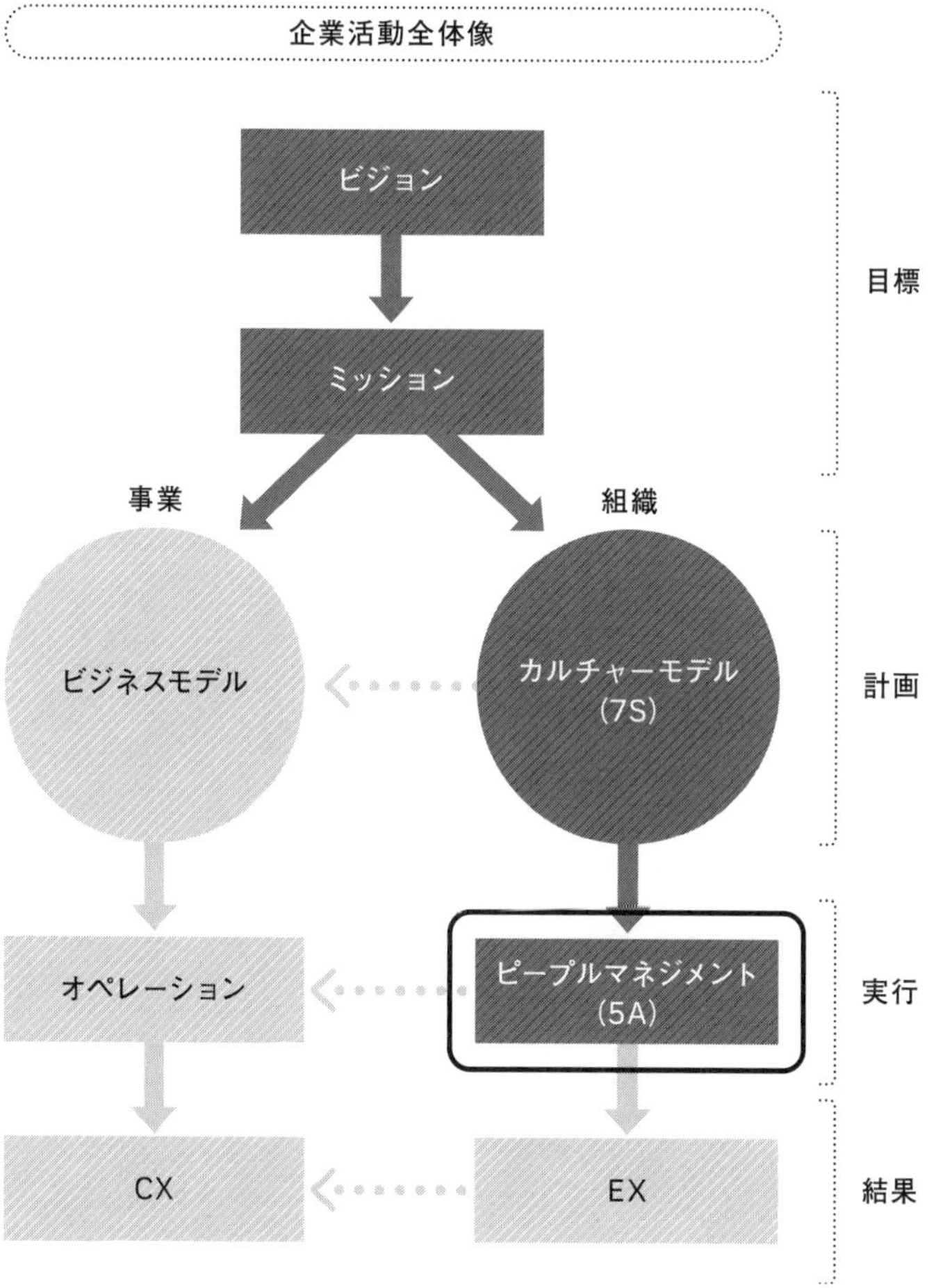

しまったり、事業活動と切り離されてしまったり、ラクなほうに流されたりしてしまいます。

経営陣はもちろんのこと、社員一人ひとりがカルチャーを体現できるようになるために重要なのは、会社のビジョン・ミッション・バリューを繰り返し伝え続けること。そしてカルチャーフィットした人材を採用し、社員一人ひとりがビジョン・ミッション・バリューを社内外へ伝えるエバンジェリスト（伝道者）としての役割を担うことです。

マーケティングの5A理論

カルチャーを浸透させていくには、経営陣や人事が中心となって策定した「カルチャーモデル」を、各部門のマネージャーを通して実行していくことが必要です。**一人ひとりの行動・言動まで落とし込むには、経営陣や人事だけでは足りず、日々のコミュニケーションを取る現場のマネージャー一人ひとりのピープルマネジメントにか**

かっています。

では、カルチャーを浸透させるにはどうすればいいのか。それを考えるうえで参考になるのが、フィリップ・コトラー氏の著書『コトラーのマーケティング４・０』で紹介されているフレームワークです（＊１）。

私はもともとマーケターとしてキャリアをスタートさせたこともあり、人事とマーケティングの仕事には共通点があると常々感じていました。その対象とするものがマーケティングの場合がお客様であるのに対し、人事の場合は従業員となる（アルバイトなども含む広い言葉として、社員でなく「従業員」と表現します）。いずれの場合もその対象を惹きつけ、幸せを感じてもらうのが仕事です。ですから、マーケティングの大家であるコトラーのフレームワークが、従業員を幸せにする活動にも適用できるのではないかと考えたのです。

コトラーは現代におけるマーケティングについて、製品中心のものが顧客中心のマーケティングとなり、やがて価値主導のマーケティングへと変化していったと指摘しています。さらにその発展形となる「マーケティング４・０」において、人々は自己実現を求め、プロダクトやサービスの価格や機能はもちろんのこと社会的意義を含めて判断するだけではなく、購買後に得られるより良い体験に価値を見いだすようになったといいます。

そのなかで人々に支持されるために重要なのは、次の「5A理論」のプロセスだと論じています。

認知（Aware）

・顧客の行動

顧客は過去の経験やマーケティング・コミュニケーション、それに他者の推奨から受動的にたくさんのブランドを知らされる

・考えられるタッチポイント（接点）

他者からブランドのことを聞かされる

たまたまブランドの広告に触れる

過去の経験を思い出す

・顧客の主な感想
「知っている」

訴求（Appeal）

・顧客の行動
顧客は自分が聞かされたメッセージを処理し――短期記憶をつくったり長期記憶を増幅したりする――少数のブランドだけに引きつけられる

・考えられるタッチポイント（接点）
ブランドに引きつけられる
検討対象にする少数のブランドを選ぶ

・顧客の主な感想
「大好きだ」

調査（Ask）

・顧客の行動

顧客は好奇心に駆られて積極的に調査し、友人や家族から、またメディアから、さらにはブランドから直接、追加情報を得ようとする

・考えられるタッチポイント（接点）

友人に電話をしてアドバイスを求める

オンラインで製品レビューを検索する

コールセンターに電話をする

・顧客の主な感想

「良いと確信している」

行動（Act）

・顧客の行動

追加情報によって感動を強化された顧客は、特定のブランドを購入する。そして、購入・使用・サービスのプロセスを通じてより深く交流する

・考えられるタッチポイント（接点）

店舗かオンラインで購入する

その製品を初めて使う
サービスを受ける
・顧客の主な感想
「購入するつもりだ」

推奨（Advocate）

・顧客の行動
時とともに、顧客は当該ブランドに対する強いロイヤルティを育む。それは顧客維持、再購入、そして最終的には他者への推奨に表れる
・考えられるタッチポイント（接点）
そのブランドを使いつづける
そのブランドを再購入する
そのブランドを他者に推奨する
・顧客の主な感想
「推奨するつもりだ」

5A

（『コトラーのマーケティング４．０　スマートフォン時代の究極法則』フィリップ・コトラー著／朝日新聞出版より引用）

顧客はこの一連のプロセスを行き来し、ときには飛ばしたりもしながら、購買するプロダクトやサービスを決定し、それが気に入れば他の誰かに推奨します。

そしてこのプロセスは「カスタマーエクスペリエンス（ＣＸ）ジャーニー」と重ねて語ることができます。顧客が５Ａのプロセスに従ってブランドを「認知」し、そのブランドの魅力に「訴求」され、実際に店頭やネットを見ながら「調査」し、実際に購買「行動」したうえで、他者に「推奨」するよう、企業はオペレーションのPDCAサイクルを回し、プロダクトやサービスの体験価値を高めます。

企業は顧客ごとに紐づけられた情報をもとに、個別具体的にアプローチし、顧客にとって最も心理的かつ感覚的に価値を実感してもらうことを目指すのです。つまり企業にとって究極の目標は、「顧客を感動させて忠実な推奨者にする」ことなのです。

5A理論をカルチャーの浸透に応用する

ではこれを、企業におけるカルチャーに当てはめてみるとどうでしょう。従業員、あるいは今後従業員になる可能性のある求職者が、企業のカルチャーについて「認知」し、共感できるものとして「訴求」され、より理解を深めようと「調査」し、実際に行動を起こす——従業員であれば業務を遂行し、求職者であれば採用試験を受ける——。そして、そのカルチャーのなかで働くことに満足すればするほど、「そんな会社が提供しているプロダクトやサービスは素晴らしい」「働きがいのある会社だから、ぜひ友人・知人にも入社してもらいたい」と「推奨」する。この一連のプロセスが繰り返され、実際に働く人がそのカルチャーを実感することで、企業としてのカルチャーがより強固なものとなっていくのです。

この5Aのプロセスを遂行するための中核的な存在となるのは、現場のマネージャーです。彼ら彼女らが、ピープルマネジメントを実行するなかで、5Aのプロセスに沿って、メンバー一人ひとりに浸透させていくのです。企業でマネージャーを務める人の多くが、マネジメントと言いつつ実際行っているのは、予算管理や工数管理といったタスクマネジメントに留まっているのが現実ではないでしょうか。

けれども何度も申し上げている通り、事業と組織は両輪です。**一人ひとりが持てる能力を発揮できるよう、ピープルマネジメントに取り組むことが重要なのです。**

そしてこのピープルマネジメントも「エンプロイーエクスペリエンス（EX）ジャーニー」と重ねて語ることができます。就職活動で企業を検討し、入社から研修、配属、業務遂行、人事評価、そして退社するに至るまでの一連の体験を通じて、従業員が心理的かつ感覚的に価値を感じることができれば、ワークエンゲージメントは高まり、従業員のモチベーションもパフォーマンスも上がるのです。

では、5Aを用いてカルチャーを浸透させるため、具体的にどんなことをすればいいのか。一つ一つのプロセスに沿って具体例とともに解説していきます。

①認知（Aware）——カルチャーのタッチポイントをつくる

まずは「認知（Aware）」。ビジョンやミッション、バリューといった形で言語化したカルチャーを、社内の至るところで目に触れる機会＝タッチポイントをつくることです。

きっとこれはあなたもイメージしやすいはず。多くの会社で「企業理念」や「社訓」がポスターや額縁などに収められていたり、エントランスや社長室に飾られていたりしますよね。会社によっては毎朝の朝礼で唱和するところもあるでしょう。「昔ながらの会社っぽい」と感じる人もいるかもしれませんが、それらはまさにカルチャーを認知してもらうための工夫であり、意味のあることです。

社外の人に自社のカルチャーを伝えるためには、まず社内の人間がそのカルチャー

認知（Aware）

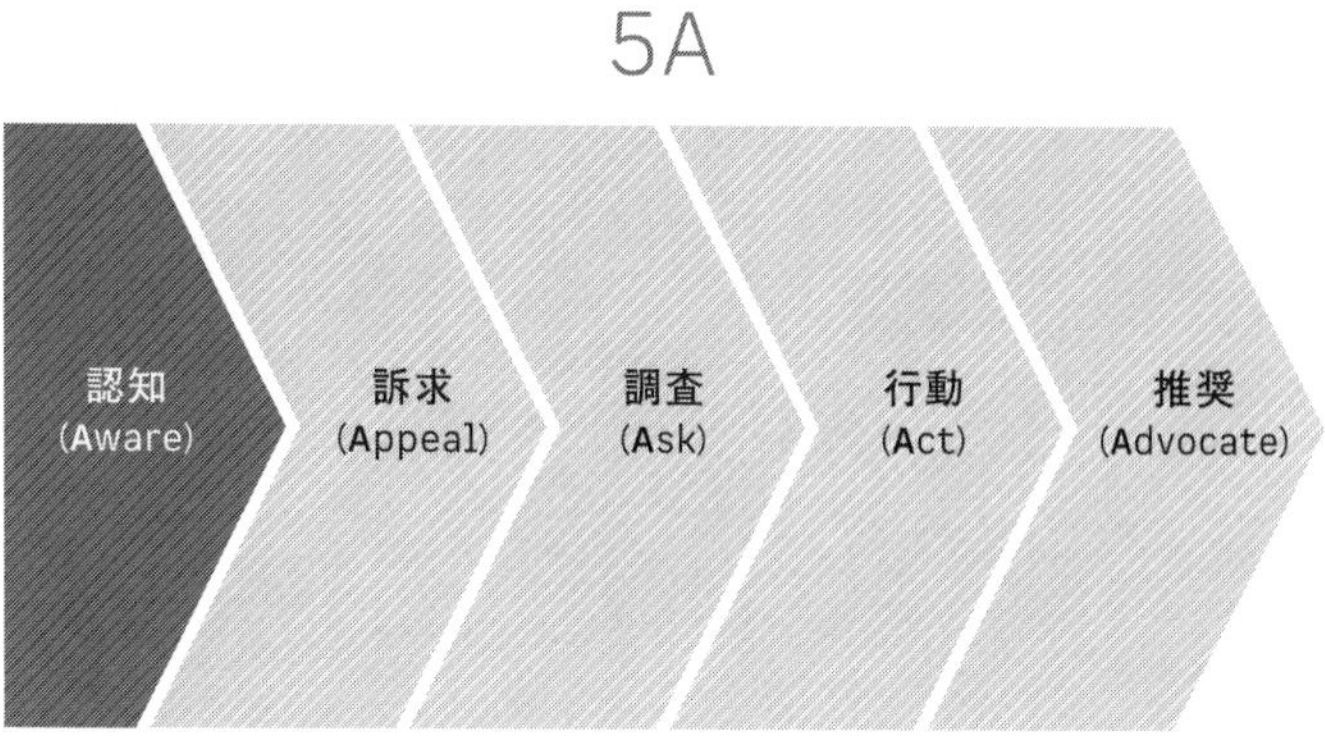

を語れるようにならなければなりません。会社としてどんなビジョンを目指し、何をミッションとしているのか。何をバリューに日々仕事をしているのか、**意識せずとも頭に刷り込まれるよう、会社のなかでカルチャーに触れる機会を設けるのです。**

前述の「メルカリ・カルチャー・ドック」やネットフリックスの「カルチャー・デッキ」など、カルチャーを文書化し、社内でいつでも閲覧できるようにしておくのも、社内で認知を広げる一つの方法です。たとえば、ＬＩＮＥでは２０１９年に「LINE STYLE 2.0」を制定し、その

LINE STYLE BOOK

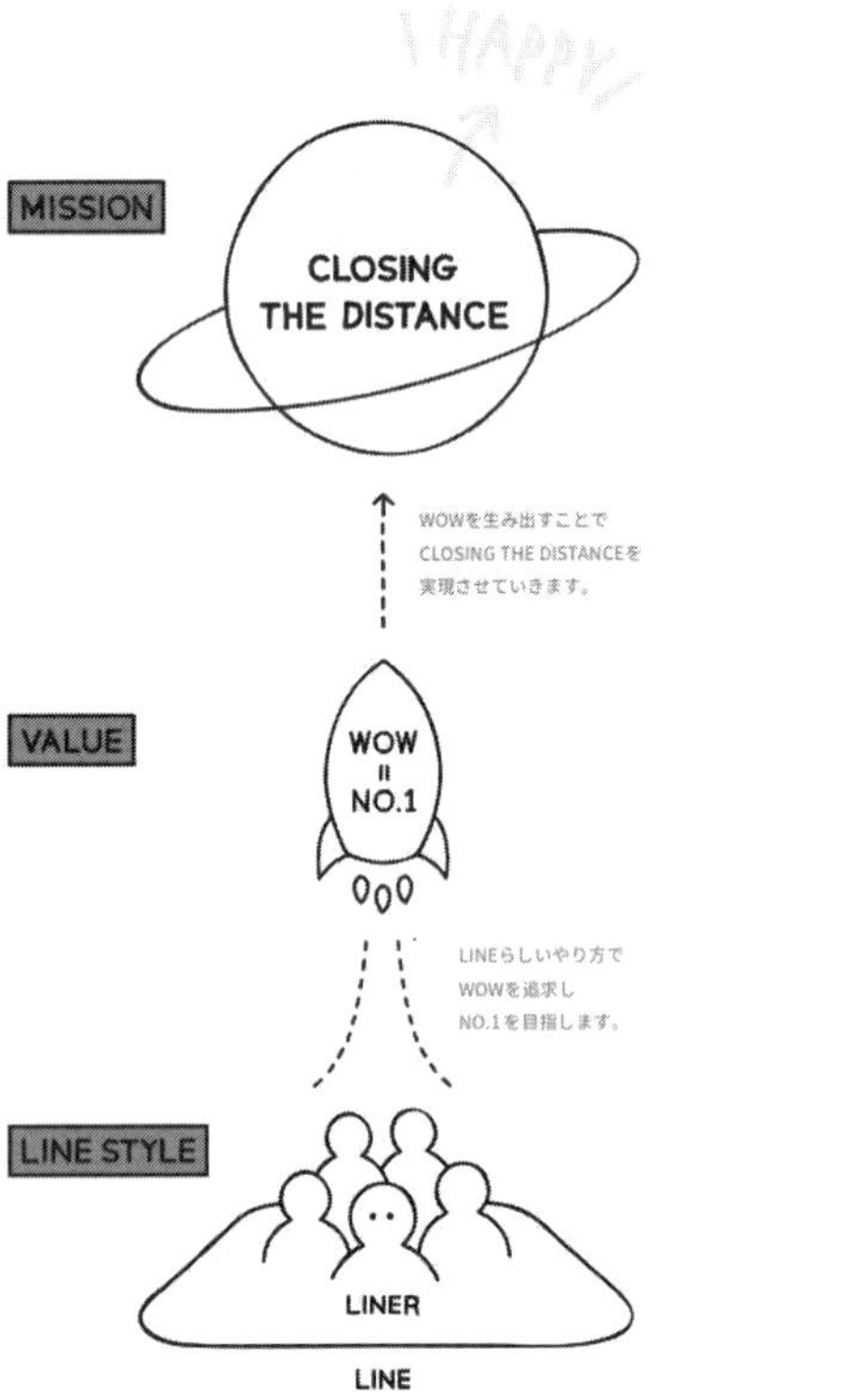

※「LINE STYLE BOOK」より一部抜粋

内容を「LINE STYLE BOOK」としてまとめ、全社員に配布しました（＊２）。このなかにはミッションやバリューをイラスト化したビジュアルが描かれ、ＬＩＮＥの社員＝ＬＩＮＥＲはどんな人なのか、11項目から成るLINE STYLEとはどんなものなのかが解説されています。

――「一目で見てわかる」形にして頻繁に登場させる

スタートアップではよく、会社ロゴはもちろん、バリューを用いたノベルティグッズをつくっているところがあります。それもまた効果的な手段です。たとえばメルカリでは「Go Bold」「All for One」「Be a Pro」の３つのバリューをＴシャツやパーカー、ステッカーやトートバッグなどさまざまなグッズにして社員向けに用意しています。

私自身、いまでも「Go Bold」という言葉を好んで、メルカリのバリューが入ったスマートフォンアクセに使っているのですが、ある大手企業の方に「僕だったらそうい

メルカリのバリューを用いたグッズ

※「新ステッカー３種が追加！＆季節の売れ筋ご紹介＃メルカリな日々 2017/4/11」mercan より

うのは絶対イヤだな」と言われたことがあります。「会社がハッキリとわかるものを身につけるのは、気恥ずかしい」というのです。

確かにそういったグッズを身につけるのは一般的に「愛社精神」の表れとみなされるのでしょう。それを身につけたいと思うかどうかにも、その会社のカルチャーが端的に表れると言えるかもしれません。

そういう意味では、メルカリは会社として この3つのバリューに共感し、自分でも身につけたいと思える人に入社してもらいたい、という意志があるということです。

この5Aでは最終的に「推奨する」ことを目指すため、人にも勧めたいと思えるカルチャーであることが前提となります。

メルカリではSlackなどのチャットツールに「Go Bold」「All for One」「Be a Pro」のスタンプがカスタマイズされていますし、ミーティングの際、アジェンダの冒頭には必ずこの3つのバリューが箇条書きされています。毎週定例で行われる全社ミーティングでも必ずスライドの冒頭にミッションとバリューが登場し、マネージャーや同僚との会話のなかにも「Be a Proでやろう」「それってAll for Oneになってる?」と、バリューが頻繁に登場します。

また、前章で紹介したフェイスブックの「アナログ・リサーチ・ラボ」によるビジュアルや、SHOWROOMのエントランスがカセットテープで埋め尽くされ、真ん中に「SHOWROOM」とカセットテープでデザインされているのも、カルチャーを可視化させ、認知を獲得する方法でもあります。SHOWROOMでは、オンラインのサービスを開発していますが、従来のエンターテインメントも重視しており、デジ

SHOWROOMのオフィスエントランス

タルとアナログを融合させるという想いを込めてこうしたエントランスにしています。このように、一目見て「この会社らしい」「この会社っぽい」と感じさせるものをオフィスに配置することで、そのカルチャーを認知させるのです。

社外に対してもタッチポイントを設定する

企業におけるカルチャーは、社内だけでなく社外にも適切に認知を広げることが重要です。なぜならカルチャーギャップを公開することで、未然にカルチャーフィットした人材を減らし、を採用することにつながるからです。

たとえば、バリューとして「Go Bold」を唱えているメルカリなら、心配性の人や石橋を叩いて渡るタイプの人、誰かの意見に対して「それはリスクが大きいのでは？」とブレーキを踏みがちな人は、明らかに自分とメルカリとはカルチャーが違うと感じるかもしれません。逆に、いまの職場で「お前の考えは無謀すぎる」と上司に苦言を呈されるような人は、むしろメルカリに興味を持つのではないでしょうか。

企業のカルチャーを対外的にも公開することは、入社してからの「こんなはずじゃなかった」「思っていた会社と違った」というミスマッチを減らすことにつながります。もちろんそのカルチャーはお題目のように形骸化しているものではなく、会社の実態を表すものである必要があります。

その観点からも、**コーポレートブランドサイトやリクルートサイトに、ビジョン・ミッション・バリューを明示し、会社のカルチャーを伝えることで、社外に対してもタッチポイントを設定することが重要です。**社外にカルチャーを伝えることで、求職者はもちろんのこと、ともに仕事をするパートナー企業や取引先に「うちの会社ではこういうことを重視しています」と前もって共有しておくことができ、仕事を円滑に進めることが可能となります。

対外的にカルチャーや人事制度を公開することで成功した会社として、Smart HRの事例が挙げられます。Smart HRでは2018年に会社紹介資料のスライドを採用候補者向けにネット上で公開し、そのなかには給与レンジやストックオプションについてまで具体的に記載されており話題になりました。結果、Smart HRへの応募数は約5倍に伸びたとのことで、大きな成果につながったようです(＊3)。しかも、カルチャーに共感した人材に絞られ、採用につながる可能性の高い人材からの応募が増えたというわけです。

それ以来、スタートアップでは採用スライドを公開するという手法が増え、業界では一つのトレンドにもなりました(＊4)。

社外への公開については、「人事制度は内部情報だから公開できない」としている企業も多いようです。しかし、果たして本当に公開できない情報でしょうか？　競合に真似されることを避けるためとも言われますが、制度一つだけ真似したところで、すぐに競合が追いつくわけではありません。

7Sで見てきたように、カルチャーとは、さまざまな要素から複合的に出来上がっており、簡単には真似できないからこそ、競争優位の源泉となるのです。だとしたら、むしろ積極的に発信し、カルチャーフィットした人材の採用につなげたほうが、会社にはプラスの要素が多いと言えるのではないでしょうか。

――率直に等身大のカルチャーを伝える

もし「このカルチャーを目指しているけど、道半ばだから不十分なところはある」のなら、それも含めて率直に知らせる必要があります。

今の時代はどんなに表面的に繕ったり、立派なカルチャーを掲げたりしていても、実態が伴っていなければ、企業の口コミサイトやSNSなどで簡単にバレてしまいます。

カリスマリーダー経営で強力なトップダウン体制を敷く企業であれば、代表の言葉や考え方をしっかりと際立たせ、「この人についていけば間違いない」と思わせるような伝え方をする。チームリーダー経営で安定した成長戦略を目指すのであれば、社内の和を重視するカルチャーであることを明示する。複数リーダー経営や全員リーダーであれば、若手のときから積極的に権限を委譲し、重要な機会を任されることがあると明記する。

そうやって、**会社のカルチャーを率直に伝えることが、結果的に会社と会社、会社と人とのミスマッチを減らすことにつながります。**

メルカリが2016年から運営しているオウンドメディア「メルカン」は、その代表例の一つでしょう。「メルカン」では「メルカリの人を伝える」をコンセプトに、メルカリのバリューはどんな意図を持って設定されたのか、そのバリューを体現している人はどんな人なのか。メルカリがともに働きたいと考える人はどんな人なのか。どのようにしてプロダクトやサービスを開発し、世の中に提案しているのか。会社として何を目指していて、いかにアクションしているのか。あらゆる角度から具体的な事例とエピソードが網羅されていて、「これを読めばメルカリのすべてがわかる」ほどになっています。言わば、毎月発行される「社内報」が毎日のように何かしら更新されていて、それが社内の人も社外の人も読むことができるようになっているのです。

また、前述のカルチャーを文書化したガイドラインやブックなどを社内だけでなく社外に公開することも、社外へ適切にカルチャーを伝え、認知を広げる一助になります。

――「カルチャーの伝え方」もカルチャーを伝える要素となる

オウンドメディアでの伝え方にもさまざまな方法があります。

たとえばSHOWROOMでは、代表の前田氏と社員との1on1ミーティングをウェブラジオとして公開する「公開1on1」を行っています。社員がどんな想いを持ってSHOWROOMで働いているのか。そこでどんな葛藤に直面し、どう乗り越えようとしているのか。前田代表との対話によって、その社員は課題解決につながるアドバイスをどのようにもらうのか。そして、代表はどんな考え方で意思決定をしているのか。会社のカルチャーを実際のリアルなエピソードをもとに知ることができます。この「公開1on1」は2019年にSHOWROOMがニッポン放送から資金調達を行ったことをきっかけに実現しました。

会社が成長して社員が増えていくにつれ、代表と直接話す機会が減り、今代表が何を考え、どんなことを実現したいと考えているのか、理解を深める機会が少なくなっていました。しかしこの「公開1on1」によって、社員はもちろんのこと、社外的にも前田氏の考えを広める機会を持つことができました。

ある意味これも、ノベルティグッズのように「好き嫌いの分かれる」施策かもしれません。ただ、代表とこうしてオープンな場で対話ができるほどフラットな組織であり、働くことそのものが「エンタメ」につながっていることを表現している、実にSHOWROOMらしい方法でもあります。

カルチャーを社外に公開し、認知を広げるのにも、それぞれの会社らしい方法があります。

企業によっては「創業70周年を記念して、これまでの歴史と現在の事業、そこで働く社員たちの取り組みがわかる社史をつくり、社員や取引先に配布する」ところもあるでしょうし、「毎月会社の取り組みや事業の状況、あるいは社員の課外活動などをまとめ、広報誌として配布する」ところもあるでしょう。どんな形であろうと、唯一の正解はありません。だからこそ、その会社らしい伝え方とはなんだろうかと考え、どんな形であろうと実際に公表することは、従業員自身が会社のカルチャーを深く理解することにもつながるのです。

②訴求（Appeal）——共通認識を醸成する

カルチャーの認知を広げたら、次は「訴求（Appeal）」です。認知の時点ではまだカルチャーを「知っている」だけにすぎません。そのカルチャーに「共感できる」「好感を持てる」ようになるためには、カルチャーを一人ひとりが解釈し、共通認識を醸成することが重要です。

そのために有効な手段として挙げられるのがワークショップや社内合宿、オフサイトミーティングといった「カルチャーについて議論する場」です。

メルカリでは「メルカリ・カルチャー・ドック」が制定された段階で、全国各地や海外にも広がる各チームの全メンバーに対して、私たちピープル＆カルチャーチーム

訴求（Appeal）

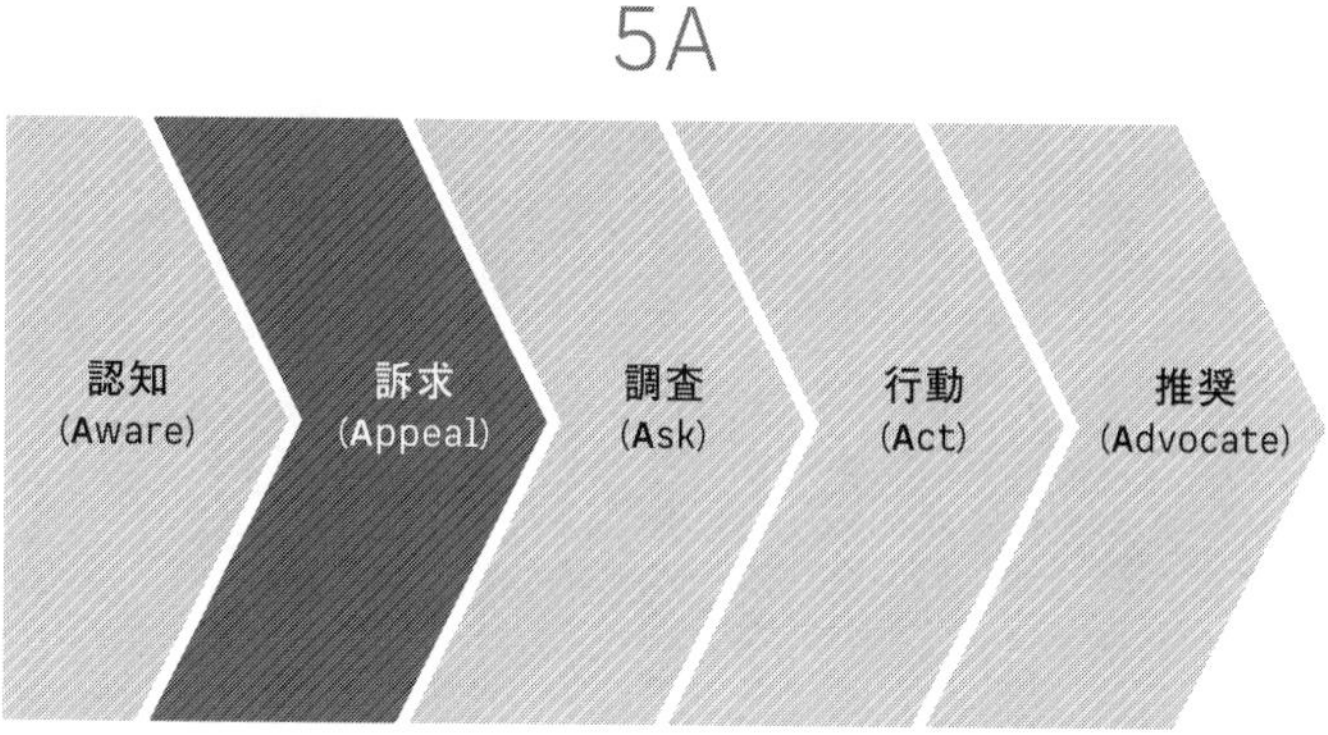

がその内容について直接プレゼンする機会を設けました（旗振り役の私自身が、仙台や福岡の拠点にも行って説明をしました）。そこで「こういった場合はどうすればいいのか」「こんな人を採用したい場合はどうすればいいのか」などと出てきた質問や疑問に対して、議論を深めながら、カルチャーに対する認識をすり合わせました。

たとえばセキュリティチームから「Trust & Opennessで情報をオープンにと言っても、会社として必要な情報セキュリティレベルはどの程度を想定して進めればいいのか」という質問があったり、メルペイチームから「Go Boldとは言え、外部パートナーとの議論もあり、このリスクは取りにくい」といった意見が出たりします。

そうやって、それぞれの業務の中にカルチャーをどう落とし込めばいいのか、具体的な事例をもとに話し合うのです。

また、半期や四半期に一度、チームでオフサイトミーティングを開き、自分たちにとってバリューとはどんなものか、そのバリューをチームのアクションに落とし込むためにはどうすべきかといった議論を行うチームもよくあります。自分たちのチームにとって「Go Bold」とはどういうことを指すのか、具体的にどうバリューを実現したのか、今期はこういう成績だったけど、チームとして「All for One」となるサポートをすべきだった……など、実際の仕事を通じてバリューを体現できていたかどうかを振り返り、その認識をすり合わせるのです。

メルカリでは社員一人ひとりをしっかり見られるよう、マネージャー一人あたり最大で8名を管轄することを原則としているため、最小単位のチームで話し合ったことをさらに大きなチーム単位で持ち寄って振り返り、会社全体としての認識をすり合わせていました。

会社にはどんどん新しいメンバーが入社しますし、事業フェーズも組織フェーズもどんどん変化します。ですから、定期的にカルチャーを議論し、自分たちの仕事を通じて認識をすり合わせる機会を持ち、その認識が大きくズレてしまわないように試みているのです。

あえて解釈の幅を持たせることで考えさせることが重要

企業のカルチャーというのは、シンプルであればシンプルであるほど、解釈の余地が広がります。

たとえば、LINEのバリューは「WOW」で、WOWとは「ユーザーを感動させる初めての体験」であり、「思わず友だちに教えたくなるような驚き」と表現しています（＊5）。サントリーは、創業者の鳥井信治郎氏の「やってみなはれ」という口グセがそのままバリューとなっています（＊6）。トヨタ自動車は「トヨタウェイ2001」として「知恵と改善」と「人間性尊重」を2本柱として挙げています（＊7）。解釈の余地は広いほど、社員たちは「このバリューを実際に仕事につなげるとすれば、どうすべきだろう」と自ら考えることになります。**言葉をそのまま受け入れるのではなく、自分の行動としてどうあるべきか、どうすべきなのかを必然的に考えさせられるのです。**

こうしてあえて解釈の幅を持たせることで、バリューを自分ごと化させるのも、カルチャーを浸透させる一つの方法です。

ただ、一方で解釈の幅が広がれば、人によって考え方にブレが生じやすくなるのも確かです。バリューに基づいて意思決定を行おうとしても、人によって判断が異なる場合も出てくるでしょう。そういった判断軸のズレを、会社としてどこまで許容するかを考えておく必要があります。

できる限りそういったズレをなくしたいということであれば、ガイドラインやブックで詳細にその判断基準を示しておくとよいでしょう。特に有効なのは、人事評価の一つとして「行動評価」を組み込み、バリューを体現しているかどうかを評価する方法です。そしてその際に、「取るべき行動の具体例」「取るべきでない行動の具体例」

などを例示すれば、自己評価や評価面談での上長からフィードバックを通じて、具体的な行動を振り返って落とし込みやすくなります。ただし、あまり細かく具体例に落とし込みすぎると解釈の幅がなくなり、考える余地を失うという側面もあるので、その点には留意が必要です。

このように基準を示したうえで、現場で日々起こる出来事や状況に対して、「こういうときにはこのバリューで判断する」「この場合はバリューに基づいてこういった対応をする」など、具体事例を社内で共有し、ケーススタディとして運用すれば、解釈のズレをフォローすることができるので効果的です。

カルチャーを体現している人を表彰することで納得感を高める

カルチャーを体現しているとは具体的にどういうことなのか、バリューに基づいて行動しているとはどんなことなのか、実際に働く社員の事例をもとに共有するのも、カルチャーへの共感と納得感を高める有効な方法です。

たとえばメルカリでは、四半期に一度、「Go Bold賞」「All for One賞」「Be a Pro賞」と、その3つを兼ね備えた「MVP賞」を選出して表彰しています。経営陣や役員が参加する判定会議に、各チームのマネージャーがメンバーを推薦し、どの社員が受賞するのにふさわしいのかを議論して決定します。受賞者が決まれば、全社会議でその対象者と推薦者が登壇し、受賞理由を発表します。全社員が集まる場で、「こういう人がバリューを体現しているんだ」と認識を共有し、バリューへの理解を深めることができるのです。

こういった社内表彰の多くは営業成績優秀者や予算達成した部門のエースだったりするでしょう。けれどもそういった人は、正当に個人の人事考課で評価し、インセンティブとして反映すればいい。むしろ定量的に評価するのは難しいけれど、バリューを体現している人こそ表彰すべきという考え方で、毎回さまざまな社員が選ばれます。たとえば、あるマネージャーが「All for One賞」に推薦したのが、動画や写真を撮影するビデオグラファーの社員でした。彼は「コミュニケーションモンスター」と称されるほど、周囲を巻き込み、場を盛り上げるムードメーカーで、英語は得意ではないのに、外国籍社員ともあっという間に打ち解ける人でした。ただ淡々と動画や写真を撮るだけではなく、みんなの気持ちを高めてくれるので、「All for One賞」に推薦されたのです。

そこで彼を表彰すべきかどうか経営陣で議論するなか、「All for One賞ではなくBe a Pro賞がふさわしいのではないか」という声が上がりました。言葉が通じなくても場を和ませ、みんなが笑顔の写真を撮ることができるスキルは、まさにプロフェッショナルと言うべきなのではないか、と。結果として、彼は「Be a Pro賞」を受賞することになりました。

このように、会社のカルチャーを率先して体現すべき経営陣や役員、マネージャーが、ああでもないこうでもないと真剣に議論することによって、カルチャーに対する認識がすり合わされ、解釈のズレを修正することができるのです。

――経営陣がカルチャーを体現し伝え続けるべき

企業がカリスマリーダー経営か複数リーダー経営か、あるいはチームリーダー経営か全員リーダー経営か、いずれのスタンスを取ったとしても、やはり企業にとって経営陣はその事業成長や組織を左右する重要な役割を担っています。そういう意味では、経営者はもちろん、経営陣や役員がカルチャーを体現し、バリューを唱え続けることが欠かせません。

メルカリでは毎週の全社会議の場で、経営陣との質疑応答が行われるのですが、その内容はほとんど「問われたことにバリューで返す」ようなものでした。新規事業の立ち上げに際して「タイミングとしては後発組だけど、Go Boldでやり切るから、All for Oneで協力してほしい」、事業撤退という厳しい決断に際し、「戦略としてAll for Oneのために選択と集中を決めた」といった具合です。

社員たちは毎週繰り返し、経営陣がバリューに従って決断しているのを目の当たり

にし、自分が業務のなかでどう意思決定を行うべきか、疑似的にイメージすることができます。

もし仮に、自分の判断と経営陣の判断が食い違ってしまうようなことがあれば、自分のバリューの解釈にズレがあることに気づき、その判断軸を修正することができるのです。

――エンプロイーエクスペリエンス（EX）ジャーニーに組み込む

企業のカルチャーを訴求するうえで効果的な方法がもう一つあります。それは、従業員が入社する前から退社するまでの一連のプロセスを「エンプロイーエクスペリエンス（EX）ジャーニー」として設定し、そのなかの一つ一つにカルチャーを組み込むことです。

EXジャーニーとは、従業員が入社する前から退社するまでの一連のプロセスにおいて、従業員の理想としていた体験と実際の体験とを比較したとき、後者が前者と同様か、それを上回るように、ピープルマネジメントを設計すること。それが達成されるとワークエンゲージメントスコア（従業員の会社への愛着や満足度）は高くなります。つまり、従業員の「こんなはずじゃなかった」「思っていたカルチャーと違っていた」といったミスマッチを減らし、「この会社に入社してよかった」「能力を発揮して、会社に貢献したい」と思ってもらえるようなピープルマネジメントを行うということです。

たとえばメルカリでもＥＸジャーニーを設計し、そこでは各プロセスにバリューを組み込みながら浸透を図っていました。一つ一つの人事施策は、バリューを体現するためのものと位置付け、常にバリューを中心に据えることでカルチャーを浸透させようと考えたのです。

いくつか例を挙げながら、ジャーニーに沿って見ていきましょう（公開済みの情報を元にまとめていますが、私の所属していた当時の話がベースとなるので現状とは完全に一致していない可能性もあります）。

①入社前

入社前とはつまり採用です。採用広報活動や、学生向けのインターンシップ、ミートアップ・ハッカソンなどのイベントに始まり、採用面接を経てオファーに至るまでの採用プロセスにおいて、採用候補者のエンゲージメントを高めてゆきます。

メルカリは採用には特に力を入れており、「All for Oneで採用にコミットしよう」と声をかけ、人事部門だけでなく、各事業部門に所属する社員一人ひとりが採用活動に力を入れていました。単に精神論としてコミットするのではなく、採用を目的とした候補者との会食であれば無制限で会社が費用負担をするなど、制度としてサポートする仕組みを整えることで、社員の採用へのモチベーションを引き出していました。

また、Be a Proを体現するため、新卒社員であっても、個人の能力や経験に応じてオファー条件を個別に提示する人事制度「Mergrads（メルグラッズ）」の導入なども進めました。

②入社後

入社後は、「オンボーディング」と言われる、新入社員が早期に戦力となり成果を挙げられるようにするためのサポートを進めます。一般的には、入社後のオリエンテーションなどで会社への理解を深め、期間限定で現場研修を実施する会社も多くあります。

メルカリでは、入社オリエンの後、上長とは別にメンターがついて、日々の業務やメルカリらしい働き方を身につけるため隣で伴奏していきます。また、外国籍社員の中には、海外から日本への引っ越しを伴う新入社員も多く、仕事の面だけでなくて生活の面でも不安を払拭できるような支援をしていました。「Starting a Life in Tokyo（スターティング・ア・ライフ・イン・トーキョー）」というガイドを作成し、銀行口座開設や携帯電話の契約など、日本で必要な手続き面の各種サポートをしています。

さらに、何か生活で不安があったら聞ける相談相手となる「バディー」制度も設けました。これもAll for Oneの考えのもと、「どの部門からでも参加可能でボランティアで募集する」という形を取りました。

③人事評価

入社後、業務が進み出したら次の重要なイベントは、人事評価でしょう。評価を受け、昇進するなどしてグレード（等級）が決まり、報酬・インセンティブが決まります。

メルカリでは、フェアな評価制度とすることを重視しており、給与を絶対評価で決めることにこだわりました。一般的な相対評価だと、昇給幅などが原資として決まっており、全員を大幅昇給するといったことができなくなります。しかし、フェアに一人ひとりの成果に報いるには、原資にかかわらず絶対的に一人ずつ評価すべきだと考えたのです。

そして、プロ野球選手のような年俸制とし、Go Boldのバリューに沿って、昇級幅に制限を設けない「無制限昇級制」を導入しました。仮に今の年俸が５００万円の人でも、隣の８００万円の人と同等の成果を挙げられるのであれば、８００万円にするべきだろう、という考え方です。一般的には「そうはいっても昇級は最大10％などの上限を持とう」と考えるものです。しかし、メルカリはGo Boldというバリューを体現するために、あえて「無制限」という大胆な制度を選択したのです。

もう一つ、特徴的なのは、株式報酬を全社員対象に付与していたことです。通常、株式報酬は、株価向上に責任を持つ役員クラスのみに限定されるケースが多いのですが、メルカリでは「All for Oneで全社の業績に全員が責任を持とう」という趣旨のもと、全員に株式でのインセンティブを付与することにこだわりました。

④成長・キャリア

会社が従業員に提供するものは報酬だけではありません。ビジネスパーソンとしての成長やキャリア形成の支援も会社が提供すべき重要なものです。成長の機会としては、セミナーなどによる学習機会もありますが、社内異動での実務を通した成長機会や、360度サーベイなどフィードバックを通じた内省の機会も、個人の成長やキャリア形成にとって大きな意味をもたらします。

企業としての個人のキャリアの考え方は、人材育成の方針により千差万別なものとなります。メルカリでは、Be a Proに則り、「キャリアは自ら考え自ら手に入れるもの」としたうえで、マネジメント職とスペシャリスト職のどちらかを選択することができ、また、行き来することも可能としています。マネージャーはあくまで「役割」だとし、人材をマネジメントすることで成果を挙げるマネジメント職も、高い専門性により成果を挙げるスペシャリスト職も、どちらも同等に処遇するとしていました。

これは、エンジニアという高度な専門性が大きな成果につながりやすい職種の人材を多く抱えるIT企業だから合致した考え方でもあり、すべての企業がフィットするわけではないと思います。メルカリがより特徴的だったことは、Be a Proというバリューが浸透していたため、こうしたキャリアへの考え方が違和感なく誰しもに受け入れられていたということです。

また、副業も「個人がBe a Proに成長する貴重な機会」だと捉え、積極的に推奨しています。このように、バリューが浸透し、バリューを軸に制度が検討されているからこそ、納得感を持って一人ひとりが働けるのです。

⑤社内環境

最後に、従業員のエンゲージメントを高めるうえで欠かせないのが、働く環境面の整備です。オフィスなど物理的な環境もそうですが、福利厚生や勤務時間などのいわゆる〝働き方〟に関する制度の面での充実も重要になります。

環境面においてメルカリでは「Go Boldに働ける環境をつくる」ため、各種制度を整えてきました。代表的なものは「merci box（メルシーボックス）」。これは、仕事以外の不安を払拭することで、仕事に専念し成果を挙げていくための福利厚生としての支援パッケージです。たとえば、産休・育休中の給与を実質100%保障しており、安心して休暇を取ってもらって、また戻りたいときに元気に戻って活躍してほしい、そういう想いを込めて導入されています。

また、グローバルテックカンパニーとして、海外ではスタンダードとなっている「Sick Leave（シックリーブ）」を導入し、社員本人の病気・ケガを事由とした休暇を年10日まで認めています。診断書などの証明書は原則不要としており、「Trust & Openness」というメルカリのカルチャーだからこそ、社員一人ひとりを信頼し、診断書がなくても本人の申告ベースで構わないとしたのです。

このように、メルカリでは働くうえで想定されるさまざまな出来事に対して、「Go Bold」「All for One」「Be a Pro」の3つのバリューと「Trust & Openness」というカルチャーに基づいた制度設計を行い、従業員の働く環境をサポートしています。こうした制度の一つ一つから、従業員はその会社らしさを感じ取り、カルチャーが浸透してゆくのです。

EXジャーニー

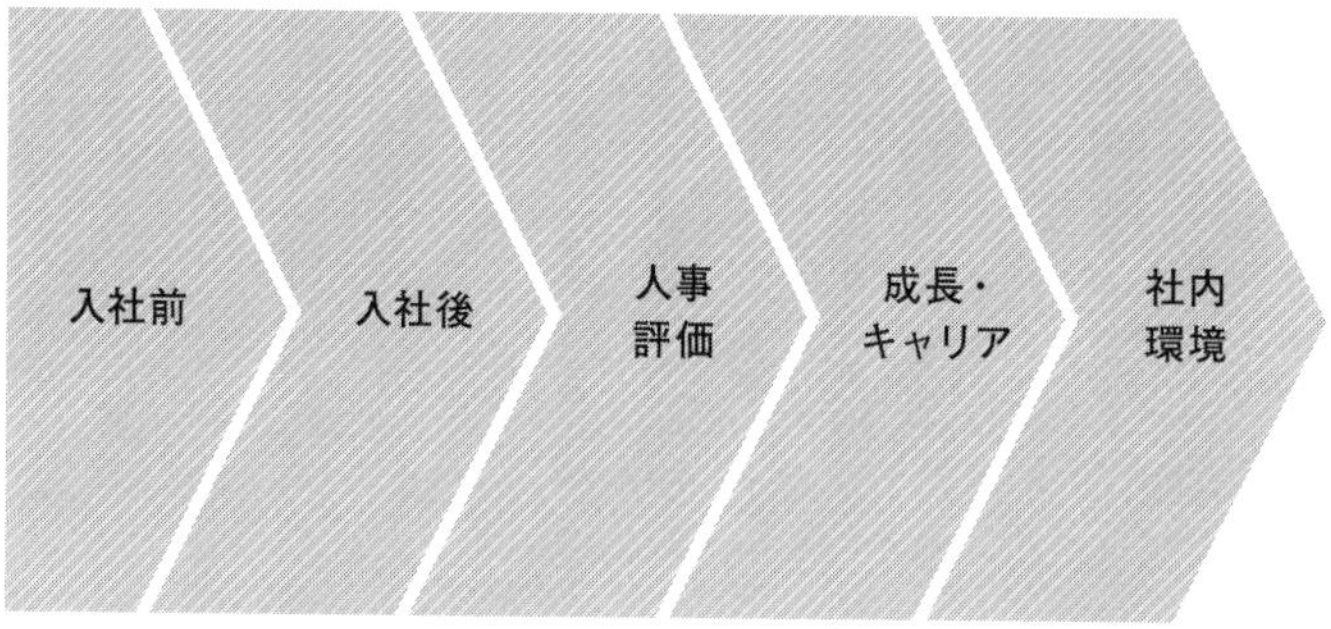

そして、このEXジャーニーをベースにして、メルカリ・カルチャー・ドックの形に言語化を進めていきました。こうした施策や考え方は、メルカリと同様に「全員リーダー経営」のスタンスを取ろうとしている企業にとっては参考となる点も多いのではないかと思います。

また、それ以外のスタンスの企業であっても、カルチャーとEXジャーニーに一定の一貫性があることが求められます。

たとえば、安定成長を求めるチームリーダー経営の企業において、「毎年2%のベースアップを実現するために、基本給は年功序列で設定されている」というのなら、それを制度として明記する。あるいはカリスマリーダー経営の企業で、トップが朝令暮改の傾向があるのなら、むしろ「変化を楽しもう」というバリューを設定し、トップの難題に応えた社員には特別報酬を用意する。社員の役割が厳密に規定されていて、毎日やる仕事も決まっていて、指示通りに仕事することが最も評価されるのであれば、あらかじめその労働条件を公開する。

そうやって、企業のカルチャーと働く環境、人事制度を一貫させることで、従業員のミスマッチを防ぎ、カルチャーフィットの高い人材を採用することにつながるのです。企業のカルチャーをいかに定義し、制度や環境に組み込むかは、従業員の期待値コントロールにも直結します。

福利厚生にカルチャーを組み込む

エンプロイーエクスペリエンスジャーニーの一環となりますが、福利厚生制度をどのように設定するかについても、カルチャーとの関連性を高める必要があります。

たとえばSHOWROOMはビジョンとして「〝エンターテインメント×テクノロジー〟で世界中に夢中を届ける」を掲げ、自らを「エンタメテックカンパニー」と称しているため、福利厚生にエンタメの要素を入れる議論をしていました。

これらはまだ執筆時点では導入予定の施策ですが、有給休暇とは別途、年に3日間、エンタメに関連した理由があれば休暇が取れる「エンタメ休暇」と、ライブや演劇などへの参加に月2万円まで支給する「エンタメ支援」制度を検討しています。これにより、「ライブフェスに参戦するために土日を挟んで金曜と月曜に休んで、遠征に出かける」なんてことも可能となります。

この福利厚生に共感し、魅力を感じてくれる人なら間違いなくエンタメが好きでしょうし、夢中になれる素晴らしさを知っているはず。会社としてもカルチャーフィットしそうな人材を採用することができるのです。

また、前述の通りメルカリでは「Go Boldに働ける環境」を重視しているため、福利厚生はあくまで「仕事以外の不安要素を払拭し、仕事に専念できるためにあるもの」と考えています。そのため、住宅補助など「給与に上乗せする」ような福利厚生はあえて行わず、あくまで正当な報酬として評価が反映されるように意識しています。「merci box（メルシーボックス）」はまさにそういった意図を持った制度設計が行われており、働くことに支障が出るようなさまざまなリスクを減らすために、育児や介護、あるいは万が一のときのセーフティネットとして各種制度が用意されています。

採用に悩む企業の多くがついやってしまいがちなのは、「どんな人を採用したいのか」を明確にすることなく、「学生たちに興味を持ってもらえそう」「人気が集まりそう」といった表面的な理由で、福利厚生や働く環境を考えてしまうこと。けれどもカルチャーを念頭に置いたうえで意図的に設計しなければ、福利厚生につられて入社した社員は、それを十分に享受できたと満足するか、あるいは期待通りでなかったと感じれば、目的を失って辞めてしまいます。

制度の一つ一つが果たして自社のカルチャーに合っているか、バリューに沿ったものであるかと問いかけ、**会社として何を大切にしているのかが仕組みとしても表現されるよう、福利厚生にもカルチャーとの一貫性を重視するべきなのです。**

③調査（Ask）——すぐ聞ける・調べられる状態をつくる

カルチャーに興味を持ち、共感するような仕掛けを訴求したら、今度は従業員、あるいは求職者が自ら調査することを促します。

コトラーは『コトラーのマーケティング4・0』のなかで「（訴求から調査へと移り変わるには）顧客の好奇心を適度に刺激する必要がある」と述べています。また、調査方法についても「顧客は情報を求めてさまざまなチャネル（オンラインとオフラインの双方）を訪れる可能性がある」と指摘しています。

これを企業のカルチャーに当てはめるなら、従業員、あるいは求職者は訴求された企業に対して、さまざまな情報を求めて検索したり、友人知人、家族、あるいは企業の従業員に対して直接話を聞いたりして、カルチャーへの理解を深め、自分が働く場

調査（Ask）

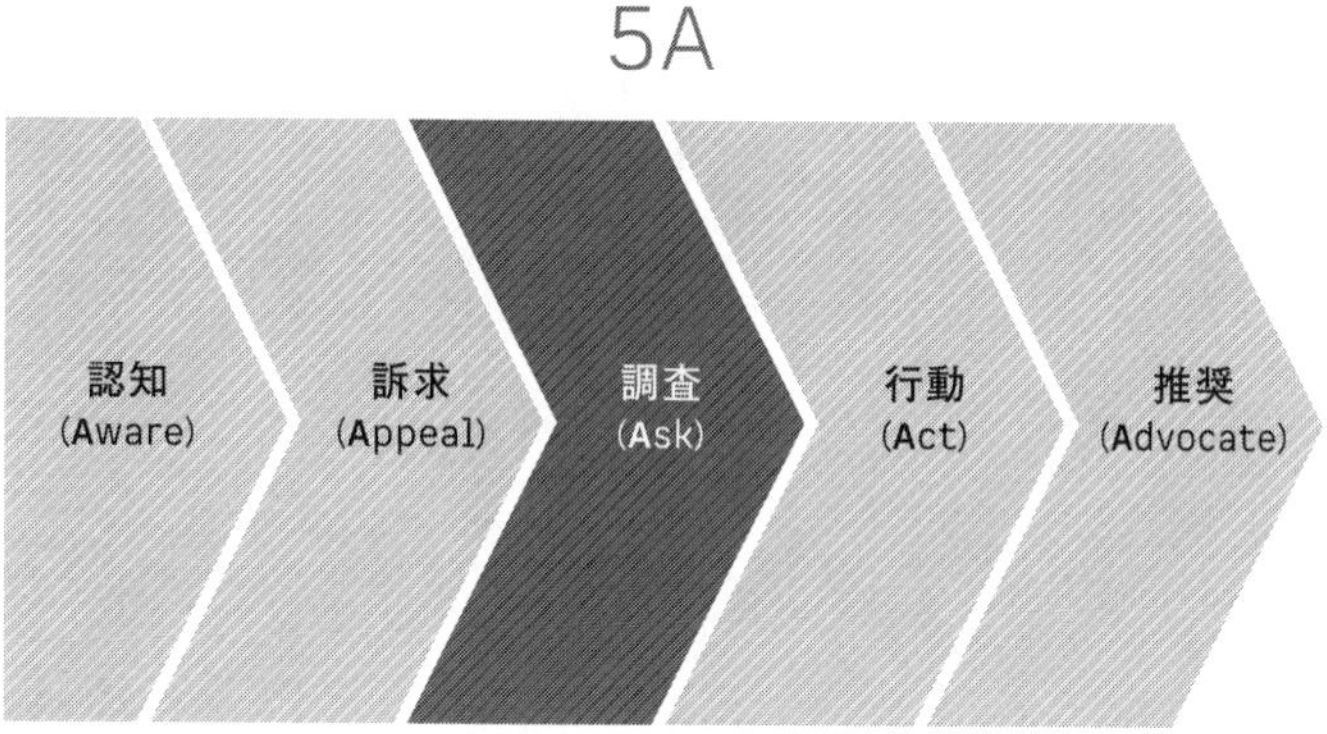

所としてふさわしいのか、働き続ける環境として優れているのかを検討することになります。

　ですから従業員、あるいは求職者に調査を促すうえで重要なのは、認知や訴求の段階で十分に好奇心を高められるような仕掛けを用意しておくこと。そしてそれが気になったときに「すぐ聞ける・すぐ調べられる」状態にしておくことです。

――フェイストゥフェイスですぐ聞ける場をあらかじめ用意する

エンプロイーエクスペリエンスジャー

ニーでも触れましたが、入社した社員に対する「ウェルカムランチ／歓迎会」、「メンター制度」、あるいは求職者や外部人材に対する「ミートアップ」や「ハッカソン」など、オフラインのリアルな場でタッチポイント（接点）を設け、実際に働いている従業員たちと話せる機会を設けることで、企業のカルチャーをより深く知り、調べることができます。

どの会社でも、入社してはじめのうちは「何がわからないのかわからない」「誰に聞けばいいかわからない」といったことがよく起こるのではないでしょうか。そんなとき、「なんでも聞ける場」を会社として用意したり、「ちょっと相談ができる相手」を増やしたりするとよいでしょう。そうすれば、疑問が募ってモヤモヤが溜まったり、うまくいかないと悩んでいたりするうちに、会社に対するエンゲージメントが薄れてしまうような事態を避けることができます。

たとえばメルカリでは、入社した社員に対し、上長とは別途、先輩社員の「メンター」が必ず一人担当につきます。メンターは、その人が仕事を進めるうえで関係性を築いておくべき部署やチームのマネージャーやメンバーをアサインし、1回につき

5〜10名ほどの社員が参加する「メンターランチ」と呼ばれるウェルカムランチを5回ほど設定します。参加するのは入社した社員が今後仕事を進めるうえで関係性を築いておくべきチームのマネージャーやメンバーで、メンターがアサインを行います。これによって、入社した社員は、最初の1カ月くらいで多ければ50名ほどの知り合いが会社のなかに増えるわけです。

カルチャーというものは、どんなに注意深く言語化して、暗黙知を形式知化しようとしても、まったく取りこぼしがない状態にするのは難しいことです。また、新入社員は実際に自分の業務に絡めてカルチャーを解釈しなければ、なかなか深く理解することができません。ですからまずはフェイストゥフェイスで関係構築を行い、その後はオフラインでもオンラインでもすぐにコミュニケーションできるようなベースをつくっておく必要があります。

ここで「オンラインでも」と強調したのは、昨今リモートでの業務が進んできているためです。完全リモートで業務を進める企業も増えてきており、「入社したけど入社式もオリエンテーションもオンラインだった」というケースもあるでしょう。そうしたリモート環境で入社するような場面では、メールやチャットでの社内コミュニケーションに偏りがちになります。しかし、フェイストゥフェイスで直接話せるということはカルチャーを深く理解し浸透していくには欠かせません。

そのため、オフラインでの対面での会話に限らず、オンライン上でもZoomやSkype、ハングアウトなどのオンライン会議ツールを活用したコミュニケーションは積極的に行う必要があります。

たとえば、業務の進め方を共有するにあたって、単に「Slackはオープンチャンネルを使いましょう」「文書はグーグルドキュメントで作成しましょう」とマニュアル的に共有するよりも、先輩社員から「Trust & Opennessだから、DM（ダイレクトメッセージ）ではなくオープンチャンネルで会話しよう」「最新の情報を常に共有できるように、誰でもリアルタイムに編集可能で、検索やリンクから簡単にアクセスできるグーグルドキュメントで文書を作成しよう」と伝えられたほうが、きっと会社のカルチャーを深く理解することができるでしょう。だからこそ、背景や意図がより伝えやすい、フェイストゥフェイスでのコミュニケーションがより重要になってくるのです。

また、既存社員にとっても、新入社員とそういったやり取りを繰り返すことで、無意識的に当たり前のように行っている業務やそれにまつわる決まりごとをあらためて意識します。仕事を進めるうえで何が重要で何を重視すべきなのか、会社のカルチャーを再確認することにもつながるのです。

——自分ですぐ調べられる環境を用意する

企業のカルチャーについて詳しく知りたいとき、オンラインにある情報やまとまった資料などで「すぐに調べられる」状態にしておくことも重要です。

カルチャーに関する情報を社外に対して共有するものとして最もふさわしいのは、やはりオウンドメディアでしょう。最近ではオウンドメディアリクルーティングと言われ注目されている手法で、自社でメディアをつくり、社員やオフィスなど職場環境について発信するツールのことを指します。

会社選びやキャリア選びで重要なのは、企業のカルチャーそのものもさることながら、どんな社員が活躍し、評価されているのか、どんな働き方でどんな想いを持って働いているのか、具体的なロールモデルとしてイメージできるような存在が提示されていることです。「もし自分が働くとすればこんな働き方になる」「もし自分の職種なら、チームにはこんな人がいる」とイメージできることで、より企業への親近感は増し、採用活動につながるのです。

また、カルチャーが端的に表れているようなエピソードや施策を記事化し、バリューで記事分類を行うと、バリューをより具体的かつ多面的に理解することができます。

たとえばメルカリのオウンドメディア「メルカン」では、ブランド・マネジメントやPR、ピープル&カルチャーなど複数のチームからメンバーが集結し、「メルカン編集部」として活動。いま会社としてどんな施策やイベントを行っているか、「MVP賞」や「Value賞」を受賞したのはどんな人なのか、仕事をするうえでどんなことを大切にしているのか、さまざまな角度から記事化しています。

また、経営陣のインタビューや対談なども掲載し、何か新たな取り組みや課題に対してどんな思いを持ち、どんな意思決定をしたのか、リアルな言葉から知ることができます。

そして記事を分類するタグには「Go Bold」など3つのバリューから、「クリエイティブ」「データアナリスト」といった職種、「ダイバーシティ&インクルージョン」「1 on 1」といった取り組みなどが列挙され、読み手の関心事に合わせて読めるようになっています。

とはいえ、オウンドメディアの開設には時間と労力がかかります。メディアという高頻度での更新が求められるツールを自社で運用する負担は相当なものです。メルカリでは、先述のメルカン編集部という部門横断的なチームが主導しつつも、メンバーの誰もが書くことができ、ある種のブログのように機能していました。そうすることで、社員みんなのメディアと位置付けカルチャーを発信することを自分ごと化するとともに、更新頻度を高めているのです。

オウンドメディアは企業のブランディングや採用などを目的として運営されることが多いものですが、いま会社としてどんなことをしていて、どんな人がそれに取り組んでいるのか。会社への理解を深める社内報的な性質を持って運営することも重要です。

オウンドメディアをゼロからつくるのはハードルが高いという企業の場合、カルチャーや社員について発信するための外部のサービスを活用するという方法もあります。たとえば、PR Tableという会社が展開するサービスでtalentbookというプラットフォームがあります（＊8）。ここでは、会社単位でページをつくることができ、社員のインタビュー記事などを掲載することができます。記事と写真さえあれば簡単につくることができるので、こうしたサービスからスタートするのもよいかもしれません。

ＳＨＯＷＲＯＯＭもこのサービスを活用し、社員一人ひとりのインタビュー記事などを掲載し、外部へのカルチャーの発信をしつつ、採用へとつなげています。こうした一人ひとりの社員にフォーカスしたメディア発信は、既存社員の会社へのエンゲージメントを高めることにもつながるなど、多くの副次的な効果も期待できます。

社員一人ひとりの発言に触れられるようにする

オウンドメディアは社内外の人が同じように触れることのできる公開情報ですが、社内向けとしてイントラネットやコミュニケーションツールなどを活用し、よりリアルタイムで経営陣やマネージャー、あるいは社員一人ひとりの考え方や行動が共有されるような仕組みがあるとよいでしょう。組織が大きくなればなるほど、誰が何をしているのかがわからなくなり、「顔の見えない」人が増えていきます。すると、既存社員と新入社員との隔たりは大きくなり、会社としてのカルチャーを醸成することが難しくなってしまいます。そういった事態を回避するために、それぞれが取り組んでいる業務の進捗などの情報をオープンに共有することで、「顔の見える」つながりを増やすのです。

メルカリではSlackなどチャットツールを活用し、チーム内で日々何に取り組み、何を課題に感じ、どう対応したのか、どんなことが起こったのか、日報を書き込むチャンネルを用意しています。毎日習慣的に書くものですから、端的でかまいません し、必須とはせず書きたい社員の自主性に任されています。そこにメンバーがオープンに書き込むことで、それぞれの動向を知ることができます。

「目標達成まであと少しなので、皆さんのお力添えをよろしくお願いします！」と書いている人がいれば、自分の部門以外からサポートの声がかかったり、「こういうことをやってみたい」と書いている人がいれば、「人事の○○さんがそれに詳しいから、話しかけてみるといいよ」と紹介してもらえるといったやり取りがされています。

さらに、「ダイエット始めました！」「お腹空いたので、ラーメン食べてきます」といったごく私的な内容を書くことも推奨しています。そうすることで「私もやろうと思っていました、一緒に頑張りましょう！」「あ、僕もラーメン好きなんで今度ランチ行きましょう！」といったように会話が続き、コミュニティが形成され、話しやすい仲間が増えていきます。

このように自分たちの近況や関心事を互いに知らせ合うことで、コミュニケーションをより活発化させるのです。**横のつながりが生まれれば、微妙に異なる部署ごとのカルチャーの違いをすり合わせ、会社としてのカルチャーを醸成することにもつなが**

ります。

経営者や役員、各部門長など、会社の屋台骨を支え、事業と組織を推進する立場となるような人は、チャットツールで個人チャンネルを開設するのもおすすめです。社内ブログとしてや、よりカジュアルな社内ツイッターのような感じで、日々何を考えているのか、どんなことに関心を持ち、何を理想としているのかを発信することで、会社として公式的に発表されるものだけではわからない、経営陣の思想や考え方、価値観や判断軸を知ることができます。

――社内外で検索性を高めておく

頻繁にあがる質問に対する答えを用意し、FAQ形式でナレッジを共有することも、言語化しきれていないカルチャーを可視化する良い方法です。新入社員からの質問はまさに「宝の山」。既存社員としては当たり前になっていて、言語化するほどではないと感じるようなことでも、新入社員の視点から質問を投げかけられることで、「なぜこうするのか」「こういう背景があってこうするようにした」と、改めて言語化する機会となります。そういった質問と答えが蓄積され、いつでも検索可能な状態にしておけば、新入社員のオンボーディングをサポートすることにもなります。

たとえばメルカリでは「社内wiki」が構築されており、社員たちの知見や共有事項がどんどん蓄積されるようになっていました。経費精算の方法や出張申請の方法といった事務的な事項から、「このツールはここでエラーが出やすいから要注意」「このオフィスは地図通りに行くとなかなか入口がわかりにくいから、こういう経路で行くといいですよ」といったちょっとした情報まで、実に細かいところまでサポートしてあります。これは、担当部門が作成するオフィシャルな情報もありますが、それ以外にも個人が自由に情報作成することができるため、まさに、メルカリのバリューである「All for One」が具現化されたようなデータベースなのです。

また、グーグルの「re:Work」のように、理想とする働き方をオープンな文書として公開することで、社内外のあらゆる人がいつでも気になったときに調べられるようにしておく方法もあります。

企業におけるカルチャーは、「これが正しい」「これは間違っている」と正否を見極めるのではなく、「これは好き」「これは自分に合っている」と好き嫌いを判断するものです。**「調査する」という能動的な行動を起こすためには、あらゆる情報をオープンにして、熟考や思索を引き出すことが重要なのです。**

④行動（Act）——日々の行動や言動を促す

カルチャーを浸透させるプロセスの4つ目は行動（Act）です。メルカリが人事総務を「ピープル＆カルチャー」と称したように、カルチャーを浸透させるうえで大きな役割を担うのが人事部門であることは確かです。ただ、企業のカルチャーは一朝一夕につくり上げられるものではありません。それまで勤めてきたすべての社員が大なり小なり関わり、影響し合い、シェアドバリューが浸透していった結果として構築されるものがカルチャーなのです。

ですからカルチャーの浸透を「人事部門が担当するもの」と矮小化してしまうのは適切ではありません。**むしろ企業のなかで組織の結節点となり、その運営の根幹を担う現場のマネージャーこそが率先してカルチャーを浸透させる役割を担う必要があり**

行動（Act）

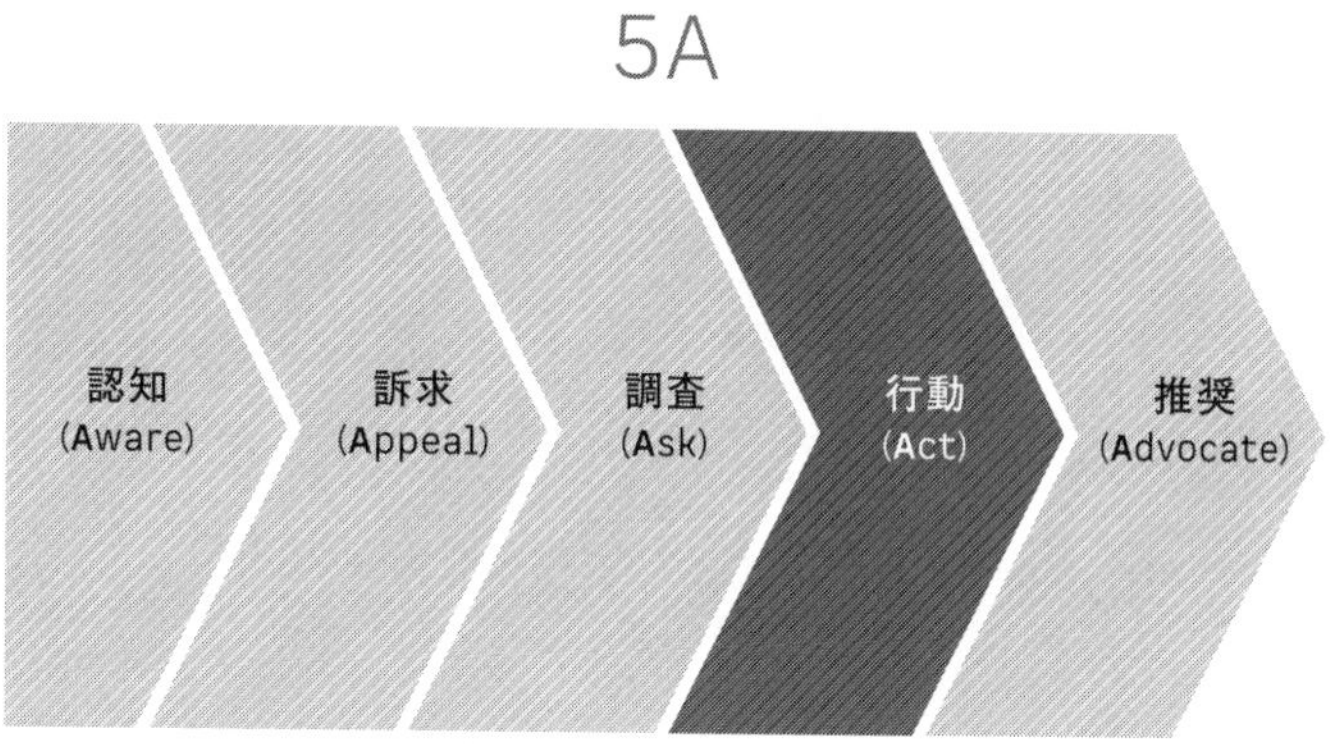

ます。

――マネージャーはバリューに基づき意思決定する

マネージャーは組織としてビジョンやミッションを達成するため、自分のチームを率いる際、どういった戦略（ストラテジー）を取るのか、バリューに基づいて意思決定を行います。

どの選択肢を捨て、どの選択肢を選ぶのか。それを判断する軸がバリューです。また、経営陣や上層部と、あるいは部下と、どの戦略を取るのが適切なのか、どんな人材を採用すべきなのかを議論するときにもバリューを念頭に置いたうえで検討するでしょう。日々さまざまな意思決定を行ううえで密接に関わってくるのがバリューであり、その結果として企業のカルチャーが構築されます。

ですからマネージャー自身、率先してカルチャーを体現し、バリューに基づいた意思決定を行い、その判断に一貫性を持たせることが重要です。

マネージャーがバリューに基づいた意思決定を行っていれば、仮に異なる意見を持った社員がいても、「確かにその考え方も一理ある」「バリューを解釈すれば、そういう判断になるのも納得できる」と、一定の理解を得ることができます。周囲はマネージャーが取った判断に対して、バリューと照らし合わせて解釈することで、その理解を深めることになるのです。

マネージャーがカルチャーの結節点となる

また、マネージャーは企業のカルチャーを日々、自分ごととして理解を深め、その解釈を伝える必要があります。たとえば「社内の文書は基本的にグーグルドキュメントで作成する」というカルチャーがあったとするなら、なぜそうなっているのか、説明できるようでなければなりません。「一人で完璧なものを目指すのではなく、複数の社員がリアルタイムで編集することで精度を高めるから」あるいは「情報は極力オープンにして、社員なら誰でもアクセスできるようにしているから」といった理由があるでしょう。

「そう決まっているから」「なんとなくそうしているから」といった理由は論外です。思考停止が組織に広がってしまえば、何の改善にも課題解決にもつながりませんし、そもそもそのカルチャーに意味があるのか、不必要なルールなのではないかと疑う必要もあります。

マネージャーは企業のカルチャーを深く理解しているからこそ、より良い方法や手段があればそれを提示する必要がありますし、そのカルチャーが時代や顧客のニーズと合わず、形骸化してきてしまったと感じたなら、カルチャーそのものを変えるべきだと問題提起する必要があります。

マネージャーは組織の結節点として、経営者の想いや哲学が反映されたシェアドバリューを率先して部下やメンバーに伝え続け、行動につなげる役割を担うとともに、現場や市況と照らし合わせながら、そのシェアドバリューが機能するかどうかを見極め、経営者に生きた現場の声を届ける役割を担っているのです。

――カルチャーを浸透させる特任担当をつくる

カルチャーを浸透させるにあたって、特任担当や特定の部署を設ける方法もあります。企業によってはシェアドバリューを浸透させ、カルチャーを定着させる役割を担う責任者を「CCO（チーフカルチャーオフィサー）」と呼び、積極的にカルチャーの定着を推進しているところもあります。前述のLINEでは、バリューの「WOW」にちなみ、同様の役職を「CWO（チーフWOWオフィサー）」と称しています（＊9）。

日本マクドナルドでも「4つのアクション宣言」を策定した後、アクションを浸透させるリーダーとして、本社の各部門から1名以上の代表者をピックアップしました。

代表者は定期的に集まり横断的に会議を行い、その宣言をいかに自分たちの部門の施策に落とし込むか、議論を重ねたのです。

こうした特任担当を設定することで、旗振り役が明確になり、社内に広くカルチャーを浸透させていくことが可能になります。

一方で、特任担当をつくるのはあくまで重点施策を行う一定期間に留めておくべきだとも考えています。

メルカリでは「ピープル&カルチャー」グループ内で、従来では総務にあたるチームを「カルチャー&コミュニケーションズ」と称し、組織にカルチャーを浸透させる役割を担っていました。チームのミッションとして「誰もがメルカリのカルチャーを体現し、バリューを最大限発揮できる環境をつくる」と定義し、Go Boldに働けるオフィスづくり（ハード面）と、バリューを体現するインナーコミュニケーションの企画立案と実行（ソフト面）を業務内容としました。コミュニケーションの発生する場をつくり、カルチャーを支える仕組みづくりや業務改善に取り組んだのです。

半年ほど業務を遂行しているうちに、チーム内である課題が見えてきました。それは、「カルチャーを浸透させる担当」を自称しているうちは、それ以外の「担当でない社員」の当事者意識が下がりかねないということです。企業のカルチャーはすべての社員が関わり、構築されていくものです。ですから本来、「すべての社員が自社のバリューを語り、カルチャーを体現するような仕事ができている」ことが理想となります。

結果として、チーム発足から1年半経ち、カルチャーの浸透が一定の成果を挙げたことをもってカルチャー&コミュニケーションズチームは発展的に解消することにして、オフィスづくりのチームや、社内IT、労務など、いくつかの部門に役割を分散させながら、ハード面・ソフト面双方からカルチャーを支える環境づくりを複数の部門から継続しています。

――人事評価制度とカルチャーを一貫させる

会社のなかで「どんな人が評価されるか」を明確にすることで、企業のカルチャーは定義されます。たとえばトップダウンで経営層があらゆる戦略を決定し、マネージャー以下には忠実な実行部隊としての役割が求められるようなカリスマリーダー経営の企業であれば、ＫＰＩを達成した人が評価され、報酬につながるような人事評価制度にする必要があります。あるいは一人ひとりにリーダーシップが求められる全員リーダー経営の企業であれば、経営層やマネージャーも含めて３６０度評価制度を導入し、入社したばかりの社員でも平等に発言権があることを制度として示すとよいでしょう。

たとえば複数リーダー経営のスタンスを取るマクドナルドでは、リーダーの育成を重視しているため、業績評価に加え、能力評価として「リーダーシップコンピテンシー」での評価を行っていました。ピープルビジネスを標榜するマクドナルドでは、このようにして「マクドナルドの社員はリーダーであることを全員に求める」ということを明確に伝えていたのです。

こうした一般的な評価手法以外にも、経営者の志向によりさまざまな評価の仕方が考えられます。「働くだけが人生ではない。遊びや学びにも注力することで人間として成長し、それを会社にも還元してもらいたい」と考える経営者がいる企業なら、資格取得や副業、あるいは部活動などを推奨し、それを行った社員に評定ポイントを加えてもいいかもしれません。「必ずしも事業成長ばかりを追い求めなくていい。できるだけ長く働いてもらえることが大切」と考える企業なら、「あえて予算目標を設定しない」こともあり得ます。

たとえば「マルセイバターサンド」で知られる北海道の菓子メーカー六花亭は企業のビジョンを「永続性」と定義し、販売ノルマや売上目標を設定せず、その代わり社員に毎日200字程度の日報を書くことを義務付けています。売上を追い求めるのではなく、日々の課題や改善点に気づくことを重視し、その声を社内で共有しているのです(＊10)。

どんな人を評価し、どんな人事制度を構築するのか。それによって企業のカルチャーは大きく左右されます。いずれにせよ重要なのは、シェアドバリューと人事制度に一貫性があること。そしてそれが社員一人ひとりと共有できていて、行動することで評価される仕組みになっているかどうかなのです。

――人事評価制度にバリューを組み込んで行動に結びつける

マネージャーには「バリューに基づいた意思決定や行動を取り、カルチャーを体現すること」が求められます。そして、自身が体現するだけでなく、メンバーがカルチャーを体現できるように促す必要があります。そのためには、個人の人事評価にバリューでの評価を組み込み、日々の行動へのフィードバックを通じて実際の行動へと結びつけることが効果的です。

メルカリでは業績評価（業績目標の達成度合い）と行動評価（バリューの体現度合い）から総合的に判断し、人事評価を行っています。

まずは、前提として業績評価について確認していきましょう。メルカリは、業績評価の指標としてOKR（Objective and Key Results：達成すべき目標と、そのための主要な結果）を導入しています。会社のOKR、チームのOKR、個人のOKRはそれぞれ連動していて、個人のOKR達成はチームのOKR達成に、そしてチームのOKR達成は会社のOKR達成につながります。

このOKRをメルカリでは3カ月に1回のスパンで設定し、重点的にコミットする業務の優先順位を明確にしています。Objective（達成すべき目標）とは、定性的な大きな目標のことで、「朝起きて、ワクワクしてすぐ会社に行きたくなるような目標」がよいと言われています。たとえば、「愛されるメルカリ」「世界基準」といった定性的だけど大胆な目標。それはひとえに、メルカリのバリューが「Go Bold」だからこそ大胆な目標を立てるし、それを達成できれば、このうえなくワクワクするよね、という合意があるのです。

Key Results（主要な結果）は定量的に評価できる結果指標です。3〜5つほどKRを設定し、それらが達成できれば、Objectiveが達成できたと言えるような構造のものを設定します。そして、このOKRを個人レベルで設定し、その達成度合いで業績評価を行います。

実力を重んじるベンチャーらしい「成果主義」というと、こうした業績評価で人事評価をすることをイメージされるかもしれません。しかし、業績評価だけだと、「たまたまラッキーで達成できた」ということや、「進めるプロセスは素晴らしかったが、競争環境が変わり結果として未達になってしまった」というケースをフェアに評価できないという課題があります。そのため、目標達成に取り組む過程や仕事の進め方についても評価をする必要があります。メルカリではこうした行動評価を「バリューの体現度合い」で評価しているのです。

つまり、OKRという業績の達成度合いとは別に、「Go Bold」かどうか、「All for One」かどうか、あるいは「Be a Pro」かどうかというバリューに基づいた行動への評価を行います。たとえば「新規で10人採用する」というKRがあったとして、それを達成したとしても、他のチームに迷惑をかけながら達成していたのだとしたら、「All for Oneでない」と判断され、評価は下がります。

OKRは厳密に定量化できるものであるのに対して、バリューへの評価は定量化するのが難しい概念です。「Go Boldに行動できた」と自負していたとしても、マネージャーからは「まだまだGo Boldには足りない」と指摘されるかもしれません。こうした自己評価と上長評価のギャップはよくありますが、ここで重要なことは、評価の正確性を追求することではなく、本人がフィードバックを納得し行動を変容していくことです。そうやって、一人ひとりの行動がバリューに沿った「その会社らしい」行動を取り、カルチャーを浸透させてゆくのです。

行動評価を本人の行動変容につなげるには、複数の同僚からのフィードバックを踏まえた評価を行うことが効果的です。 メルカリでは、人事評価は直接の上長からの評価以外にも、ピアレビュー（同僚からの360度評価）を行います。最終的には上長が評価を決定しますが、「あなたの行動のこういう点は、Go Boldさに欠けていると周りから声があった」ということを伝えることは、フィードバックへの納得感を高め、本人の行動変容を促進することが期待できます。

さらに、メルカリでは、評価キャリブレーション会議といって、評価期間には横並びの複数のマネージャーとその上の二次評価者が会議を行って、メンバー全員の評価についての目線を揃える話し合いをします。これによって、評価の甘い上司や辛い上司という差をなくし、よりフェアな評価を可能にするのです。そしてこれは、メンバーの評価への納得感を高めることにもつながります。

この評価キャリブレーション会議は、マネージャー自身のバリューへの理解を深めることにも大きく寄与します。あるマネージャーが「うちの○○さんはこのバリューについてS評価だ」と考えていても、他部署から見ているマネージャーが「いやぁ……惜しいけど、A評価くらいでしょ?」といった異論が出れば、そこに認識の差があるということがわかります。そこで複数のマネージャーで「こういうことがあったからS評価でしょ」「いや、このバリューがもう少し足りないから、A評価だと思う」と議論を交わすことで、具体的な事例をもとにバリューを理解することができるのです。

メルカリの場合は人事評価にOKRを用いていますが、企業によってはKPIやMBOなど異なる指標を用いるところもあるでしょう。ただ、いずれにせよカルチャーの浸透に重要なのは、そこにシェアドバリューに基づいた行動ができているかどうかを紐づけ、行動を促す仕組みになっていることです。そして、社員一人ひとりがシェアドバリューの重要性を理解し、具体的にどのような行動をするべきかを考え、お互いに共有しながら業務を遂行していくことなのです。

――カルチャーに沿った行動を日々奨励する

人事評価は3カ月か半年に一度のスパンで行いますが、より短いスパンで捉え、日々の業務のなかからカルチャーに沿った行動を積極的に促すことも重要です。

バリューに基づいた行動に対し、マネージャーなどが率先して「それってBe a Proだよね」「All for Oneのためにありがとう！」と、バリューに基づいて評価する意を示すのです。すると、本人は「特に意識していなかったけど、これってそういうことなのか」とバリューを再確認し、周囲にとっても「こういう行動が評価されるんだな」とバリューに基づいた理解ができます。

また、マネージャーだけでなく、周囲からの評価も可視化する仕組みがあれば、カルチャーに基づいた行動をさらに促すことができます。 Slackなどインナーコミュニケーションツールでスタンプ機能を使い、「ありがとう」「いいね！」といった標準的なものだけでなく、バリューをスタンプにした独自のカスタマイズをすれば、オンライン上でリアルタイムに「こういう行動／言動がうちの会社で重視されている」と共有することができます。

コミュニケーションだけでも十分にモチベーションになりますが、よりインセンティブとなるような仕組みとして「社内ポイント」を導入するのも一つの方法です。メルカリでは、社員一人ひとりの行動がどれだけ会社に貢献したのかを可視化するため、ピアボーナス（同僚がポイントを贈り合う）制度「mertip（メルチップ）」を導入しています。「Unipos」というＳａａＳサービスを使った仕組みで、Slackやシステム上で言葉とともにポイントを贈り合い、そのポイントはギフト券などに還元できたり、給与に直接反映できたりします。

ですから、ＯＫＲとはまた違う角度から「All for Oneで助けてくれてありがとう」「今回の案件、Be a Proでよかったよ」などとバリューに基づいた評価を示し合うことができるのです。

メルカリでは、オンライン上で効率的に行うことができ、給与に直接反映できることからUniposを導入しましたが、ポイントカードにシールやスタンプを押して月末

メルチップを贈る

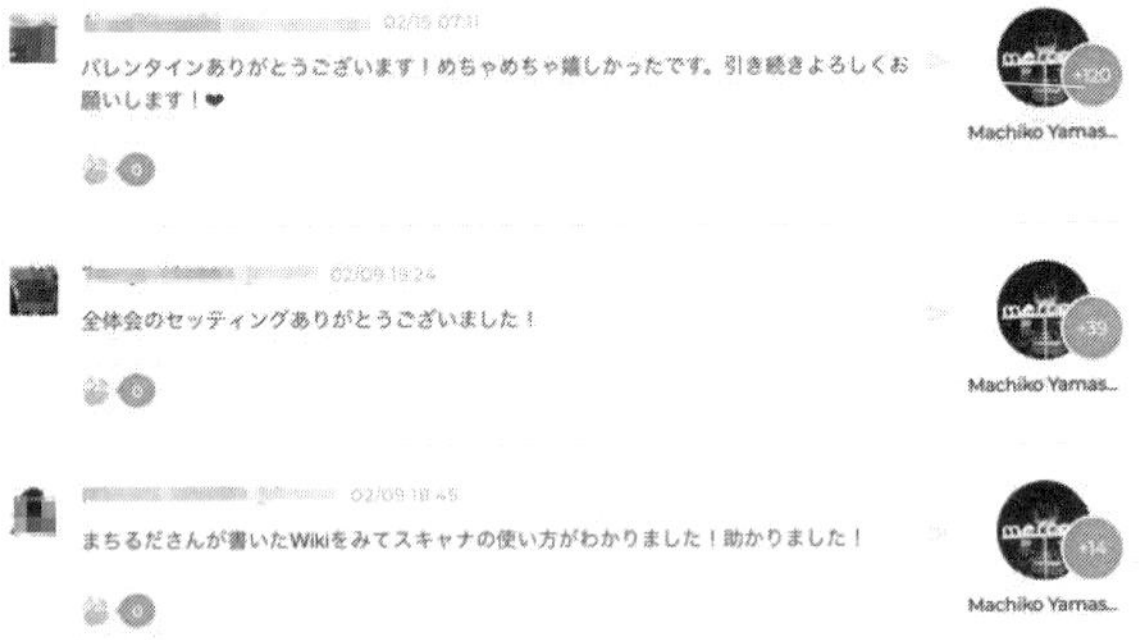

※「同僚から月60回『成果給』を受け取った人も！メルカリの『ピアボーナス』の運用の裏側」SELECKより

に精算するなど、簡単に始める方法は他にも考えられます。少なくとも「バリューに基づいて、会社に貢献する行動を行うことは良いことなんだ」とわかりやすい形で示すことで、社員の行動を促すことにつながるのです。

⑤推奨（Advocate）──他者に自分の会社を薦める

カルチャーを行動につなげる仕組みが構築できれば、最後のステップは「推奨（Advocate）」です。

コトラーは『コトラーのマーケティング４・０』において、顧客は時とともにブランドに対して強いロイヤルティを持ち、最終的に「推奨段階」まで進むと論じています。ただ、多くの推奨者は受動的で、自ら動くには質問か批判によって刺激される必要があると指摘しています。

これを企業のカルチャーに当てはめれば、認知から訴求、調査、そして行動に至るまで、自ら大切にする価値観と企業のシェアドバリューが重なる部分が大きく、企業のカルチャーに共感し、また自らの行動が組織内で評価されていると実感できたとき、

推奨（Advocate）

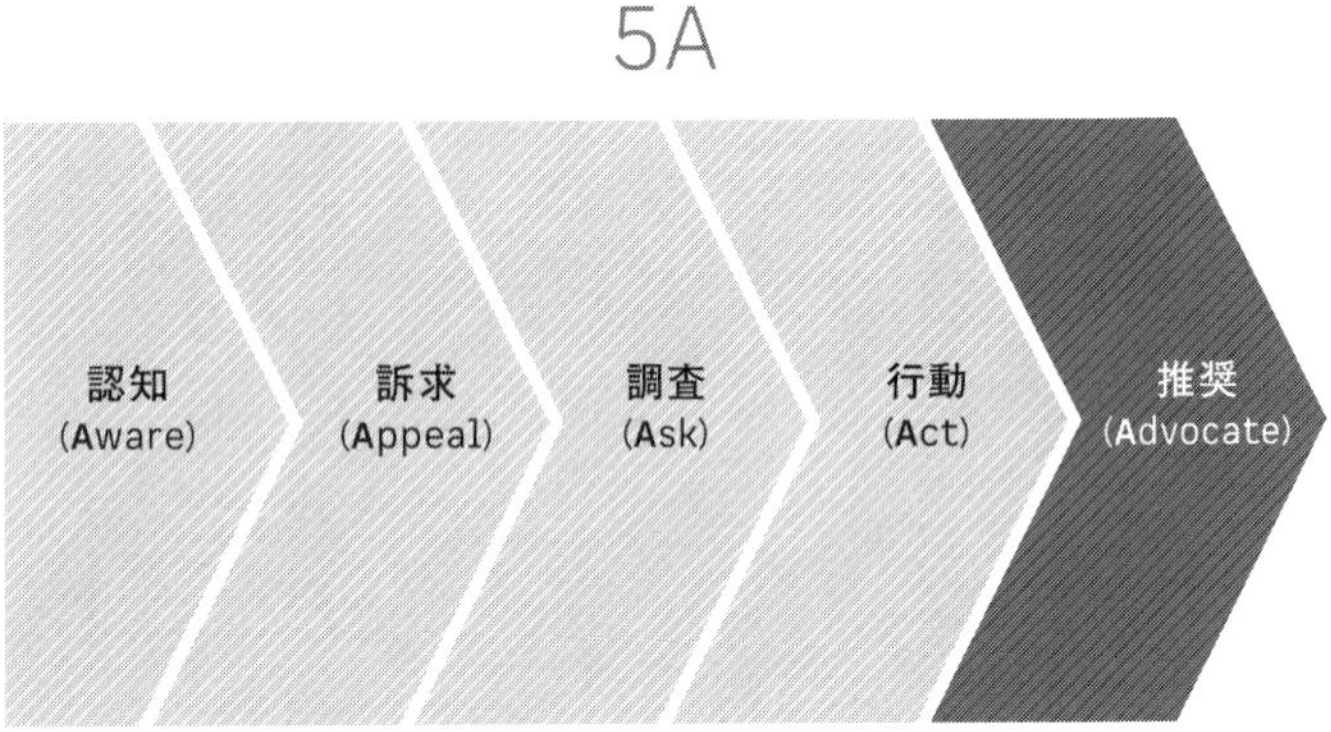

従業員のロイヤルティは高まり、企業を他者に推奨したくなるのです。

社内外への発信を積極的に認める

SNSでは日々、さまざまな企業の情報が飛び交っています。ポジティブなもの、好感を持てるものもあれば、逆に「信じられない」「ひどい会社だ」と、非難したくなるような企業もあるでしょう。むしろ総数としてはネガティブな意見のほうが多いかもしれません。パワハラ、マタハラ、長時間労働、あるいは承認プロセスやPCのスペックなど細かい部分まで、会社に対する不満の声が聞こえてきます。上司や上層部に直接掛け合って改善されるならいいものの、それが叶わず、半ば内部告発のような形で表面化することも多々あります。

企業はそういったリスクを嫌い、社員に対してSNSでの会社に関する情報発信を禁止するばかりか、ときにアカウントの削除まで求めるところもあるようです。けれどもこれは人の本性として、「ダメだ」「やめろ」と禁止されればされるほど、打ち明けたくなるもの。どんなに雇用契約の守秘義務違反を盾にSNSでの発信を禁じても、「働く人が自分の働く会社について語る」のを止めることはできません。特にデジタルネイティブと言われる若年層ほど、企業からの公式情報よりも、友人知人や第三者の声に敏感で、「信頼できる人の推奨」に意思決定が左右される傾向にあります。どんな美辞麗句を並び立てた公式サイトよりも、身近な人の、あるいは信頼しているインフルエンサーの「いい会社だね」「あの会社ってヤバいらしいよ」といった声によって、自分がどうするのか、どうすべきかが変化するのです。

企業として、世の中にあるすべての情報をコントロールすることは、もはや難しいことだと認めましょう。**むしろどんな情報をオープンにされても、それが会社の実態であり、カルチャーの表れなのだと認め、その情報を「強み」に変えるべきなのです。**

メルカリはまさにその強みを発揮している企業と言えるかもしれません。退職者である私がこうしてメルカリについて語ることを許容し、むしろ推奨してくれているのですから。

メルカリでは特にリファラル採用を重要視していて、「All for Oneで採用に取り組む」ことが求められています。自社のカルチャーを理解している社員自身が「この人ならうちの会社に合いそう」「こんな人と一緒に働きたい」と思える人であれば、カルチャーフィットする可能性も高く、メルカリのバリューへの共感度も高いであろうという理由からです。

実際、メルカリでは私が所属していた当時、採用者のおよそ60％がリファラルでの採用で、退職してからも良い関係を続けられるように、メルカリ・カルチャー・ドックでも退職についてのフィロソフィーとガイドラインを明記していました。出戻りを歓迎し、「退職しても好きな会社を目指す」というのはまさに象徴的でしょう。実際、私も未だにメルカリのことはプロダクトも会社も大好きですし、当時の同僚と飲みに行くなど顔を合わせる機会も多いのです。

――自社のカルチャーを自分の言葉で語れる状態を目指す

とはいえ、「積極的に会社の良いところ、好きなところを社内外に発信しよう」と呼びかけても、すんなりと言葉が出てくるとは限りません。働くなかでそういったことを意識する機会はなかなかありませんから、「働きやすい」「同僚に恵まれている」といったぼんやりとした言葉になってしまいがちなのではないでしょうか。

メルカリではメルカリ・カルチャー・ドックの発表後すぐに、あるサーベイを行いました。「カルチャー・ドックを読んでいるか」「カルチャー・ドックを理解しているか」「カルチャー・ドックを自分なりの言葉で説明できるか」「カルチャー・ドックに即した行動ができているか」、と、カルチャーがどれほど浸透しているのか設問に答えてもらったのです。すると意外なことに、「カルチャー・ドックを自分なりの言葉で説明できるか」よりも「カルチャー・ドックに即した行動ができているか」に「はい」と答えた人のほうが多かったのです。

つまり、カルチャーに即した行動をするよりも、カルチャーを自分の言葉で語れるようになるほうが難しいということなのです。これは、カルチャーを言語化することの難しさを表している一方で、**カルチャーを自分の言葉で語れるようになれば、おのずとその行動にも表れ、その仕事や振る舞い、判断によってカルチャーを体現できるようになるということの表れでもあります。**

カルチャーを自分なりの言葉で語るとは、具体的な事例に基づき、「これはバリューに即しているのか」「うちの会社らしいやり方だろうか」と議論することです。そういった議論の中でそれぞれの社員に「私はこう思う」「こうしたほうがもっとうちらしいのではないか」という考えが生まれ、自分ごと化して語りやすくなります。

たとえば、「透明性」をバリューに掲げている企業があるとして、その企業が経営者の講演会を開催したところ、来場者に「今日の質疑応答の内容はSNSに公開しないようにしてください」と申し伝えたとします。その場合、「透明性を大切にしているはずなのに、公開できないことがあるなんて」と異論が出るのではないでしょうか。あるいはそれに対し、「包み隠さずオープンに話すカルチャーが体現できているからこそ、公開すべきでない情報も出てしまったのであり、場合により非公開にするのはむしろ適切な対応だ」という反論が起こるかもしれません。

そうやって日常の業務のなかから「コントラバーシャル（議論したくなるよう）」なテーマを見つけだし、「フラットな組織を目指しているなら、役職を呼称にするのはやめて『〇〇さん』にしたほうがいいんじゃないか」「地域に貢献することをミッションに掲げているなら、ランチは近隣店舗で食べることを推奨して、その代金を補助したほうがいいんじゃないか」といった議論を深めることで、いつでも「自社のカルチャーを自分の言葉で語れる」ことを目指しましょう。

ビジュアルのインパクトも活用する

「認知」段階での取り組みである、カルチャーを言語化したガイドやブック、コーポレートブランドサイトやオウンドメディアの公開や、ステッカーやTシャツなどノベルティグッズの活用、あるいはオフィスという働く空間でカルチャーを表現するのもまた、そのまま「推奨」段階においても有効です。

グーグルの「re:Work」は、自分たちの働き方こそがいまの世の中に必要な働き方だと信じているから、有益な情報源としてこれを公開しているのですし、メルカリも「Go Bold」「All for One」「Be a Pro」というバリューに共感と誇りを持っているから、社員たちは進んでロゴの入ったパーカーやTシャツを身につける。あるいは、オフィスのエントランスに飾られたオブジェやアートで企業のカルチャーを表現し、そこを訪れるあらゆる人にカルチャーを伝える。

さらにメルカリでは、新聞広告を活用しバリューを対外的に広くメッセージしたこともあります。メルカリが東証マザーズに上場した2018年6月19日の朝刊に、見開き一面の新聞広告で、「創業者の手紙」というタイトルで進太郎さんの創業以来の想いを綴り掲載しました。そこには、「Go Bold」という力強いコピーと共に野茂英雄氏の写真を載せ、メジャーリーグに大胆に挑戦した野茂氏と、世界に挑戦するメルカリを重ね合わせながら、採用候補者だけでなく一般へと幅広くGo Boldというバリューを周知し、メルカリらしさを伝えようとしたのです。

こうしたビジュアルを見た人は「これってどういう意味なんですか?」「社内ではどんなふうに活用しているのですか」といった具合に、社外の人との会話の糸口にもなり、会社のカルチャーを伝えるきっかけになるのです。

カルチャーモデルのサイクルを回し続ける

ここまでお伝えした内容が、会社のカルチャーを棚卸し、確固としたカルチャーモデルとして言語化し、それを浸透させるという「カルチャーのつくり方」です。「カルチャーをつくる」とはつまり、会社としてのビジョン・ミッションを掲げ、カルチャーモデル（7S――スタンス・シェアドバリュー・ストラクチャー・システム・スタッフ・スキル・スタイル）を定義すること。そしてピープルマネジメント（5A――認知・訴求・調査・行動・推奨のプロセス）を通じて、そのカルチャーを浸透させ、社員一人ひとりがそれを体現することです。

そして企業は時代の変化の中で事業を推進し、ビジネスモデルを確立し続けなければならない以上、このカルチャーモデルもたゆまぬ営みとして、そのサイクルを回し、検証し、場合によっては新たに再定義しなければならないのです。

カルチャーモデルのサイクルを回し続ける

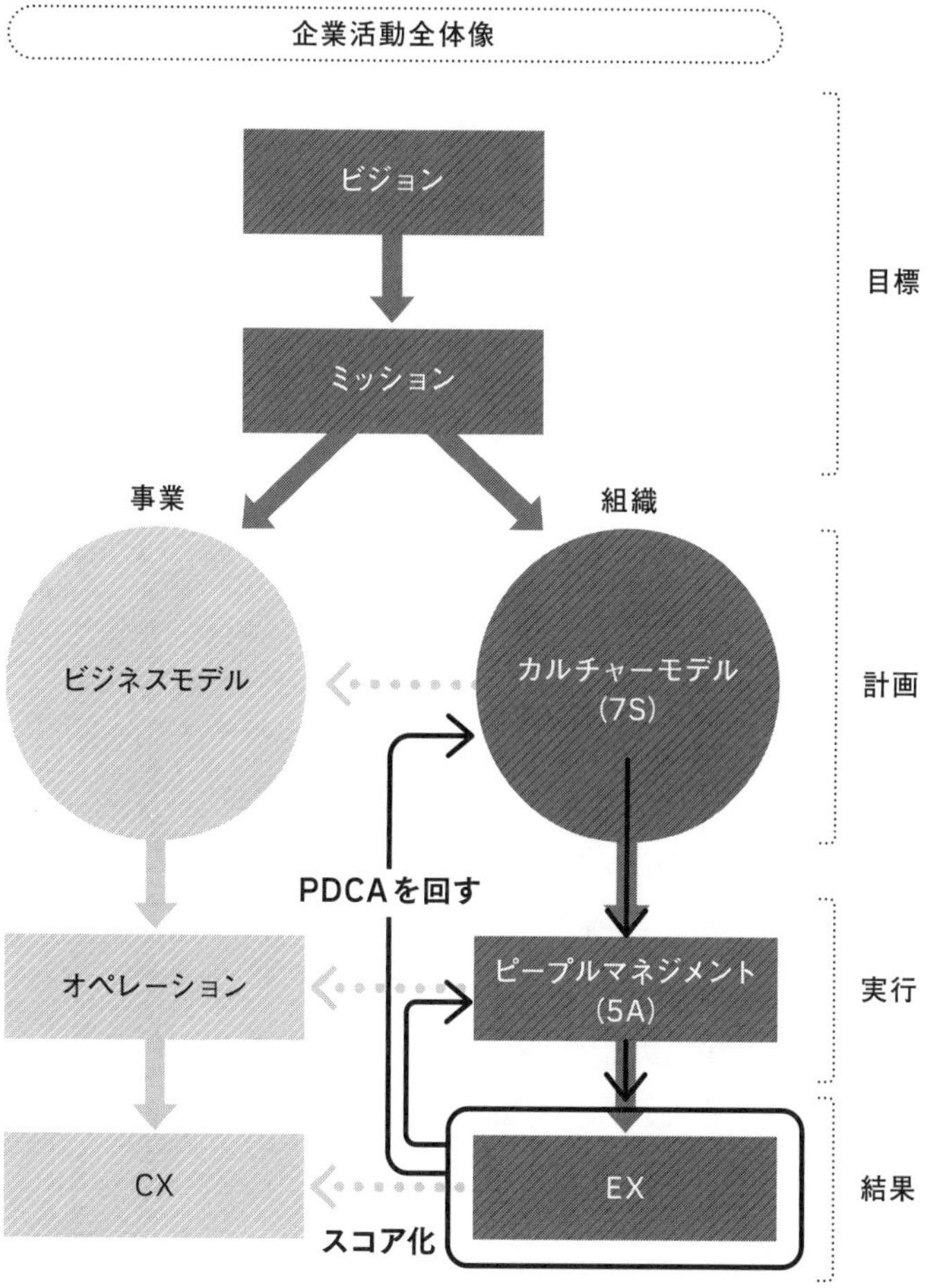

そのための一つの指標として、**eNPS（エンプロイー・ネット・プロモーター・スコア）を計測し、カルチャーモデルが機能しているかどうかを検証する参考にするのも良い方法です。**

eNPSとは、エンプロイー・エンゲージメントに関する指標で、もともとはカスタマー・エンゲージメントを測るための「NPS」を従業員に転用したもの。「あなたは現在の職場で働くことをどの程度親しい友人や知人にすすめたいと思いますか？」という質問を10段階評価でスコア化することで、自分が働いている会社を他の人にも推奨したいかどうかという、会社への愛着度を測ります。このデータを、部門別や職種別、階層別、入社年次別などに分析すれば、どの層に課題があるのかという傾向を把握することができます。

ただ、eNPSだけでは、具体的に何が課題なのかは特定できません。そこで、エンプロイーエクスペリエンスジャーニーに沿って、従業員の職場体験のなかで、どこの満足度が期待値より低いのかをスコア化するとより良いでしょう。そうすると、期待に見合った報酬を出せているか、顧客や会社に貢献できていると実感できるかどうか、オフィスの環境には満足しているか、などを調べることができます。

eNPSの数値が下がり、従業員のエンゲージメントが下がっていると、つい「もっと報酬を上げたほうが良いのでは」「福利厚生を充実させよう」と、目先の施策に走ってしまいがちです。しかしそれをしてしまうと、不満に一つ一つ蓋をするだけで、本質的な解決にはなりません。

より重要なのは、自社のカルチャーに合った一貫性のある自分たちの会社らしいアクションを行うことです。そうすることで、従業員の納得感が高まり、会社と従業員双方の期待値を揃えてゆくことが可能になります。

eNPSの数値が低いのであれば、ピープルマネジメントに課題があるかもしれないので、まずは5Aがしっかりと実行できているかどうか、従業員に会社の期待がしっかり伝わり、現場でその期待通りに実行がされているのか、把握をしましょう。それでも改善されないようなら、カルチャーモデルの整合性から見直したほうがいい可能性があります。カルチャーを棚卸し、7Sを再定義し、人事施策などがバリューと食い違っていないかどうかに立ち戻り、総点検してみるといいでしょう。

サーベイにはＳａａＳサービスがいくつかありますが、リンクアンドモチベーション社が提供しているモチベーションクラウドなどが有名です。メルカリも導入していたツールで、半年に一度など定期的にサーベイを実施し、従業員エンゲージメントをスコア化し、課題を抽出できる大変優れたサービスです（その後、メルカリではバリューの浸透を重視し、バリューに沿った独自のサーベイとするため、クアルトリクスというアンケートプラットフォームを活用した内製でのサーベイに移行しました）。

最近では、ＡＩを活用して質問項目が最適化され、最小の質問数のみで、スマートフォン上で簡単にサーベイができるようなツールも進んでいます。アトラエ社が提供しているwevoxなどはその良い例で、ＳＨＯＷＲＯＯＭではこのwevoxを活用しています。

いずれにせよ、従業員の期待値と会社の期待値が揃っていなければ、働く条件や待遇、環境などにミスマッチが起こり、カルチャーギャップが生じてしまいます。こうしたギャップによりエンゲージメントの低い不幸な社員を生み出さないためにも、サーベイを効果的に活用し、課題を解決しながらカルチャーを浸透させていくという

ＰＤＣＡを回してゆきましょう。

――前提となるのは嘘偽りのない誠実さ

人が生涯働く時間を考えれば、数十年のうちのほんの数年であったとしても、カルチャーギャップやミスマッチのある会社で働き続けることは辛いことです。それでもこれまでは、基本的には最初に入った会社にしがみつき、長時間働き続けることが是とされてきました。

けれどもいまや、同じ会社で働き続けることが、その人のキャリアにとってリスクにもなりかねません。そして企業側がどんなにいい面ばかりを対外的に伝えていても、良いことも悪いことも引っくるめて明らかになる時代です。

それなら「うちの会社って、新入社員どころかアルバイトであっても、分け隔てなく意見を採用してくれるんだよね」「会社の目指すビジョンやバリューにも共感している。他の人にもぜひ薦めたい」と、多くの人に推奨される会社であること。会社の目指しているビジョンやミッション、バリューが実態を伴い、実際のカルチャーとして感じられるような環境であること。会社のスタンスとしてはさまざまな経営スタイルがあっても、その前提として嘘偽りのない誠実さがあることが、多くの人から推奨される「いい会社」の条件となるのです。

＊1　『コトラーのマーケティング４・０　スマートフォン時代の究極法則』フィリップ・コトラー、ヘルマワン・カルタジャヤ、イワン・セティアワン著・恩藏直人監訳・藤井清美訳（朝日新聞出版）

＊2　「カルチャー浸透は「目的」ではない。「LINE STYLE」を策定から2年で進化させた理由」（『SELECK』https://seleck.cc/1382）

＊3　「面接用スライドを公開した結果、全部見せます！」（『宮田昇始のブログ』https://blog.shojimiyata.com/entry/2019/02/28/115119）

＊4　「２０１９年「この採用スライドがすごい」11選＋１　＃スタートアップＰＲ」（『BRIDGE』https://thebridge.jp/2019/12/hr-slide-best-11-2019）

＊5　（https://linecorp.com/ja/company/mission）

＊6　（https://www.suntory.co.jp/recruit/fresh/company/history.html）

＊7　（https://www.toyota.co.jp/jpn/company/history/75years/data/conditions/philosophy/toyotaway2001.html）

＊8　（https://www.talent-book.jp/companies）

＊9　（https://linecorp.com/ja/pr/news/ja/2019/2623）

＊10　「熱狂ファンを生み続ける〝六花亭〟　震災に負けない！驚きサバイバル術の全貌」（『カンブリア宮殿』／テレビ東京）

第 6 章

これからの経営とカルチャー

テクノロジーが組織に与える影響

奇しくもこの本を執筆しているさなか、世界中でCOVID－19による経済活動の自粛と大きな混乱が私たちを襲いました。突然降りかかった災禍によって人々の行動は制限されるとともに、DX（デジタルトランスフォーメーション）という言葉のもと、企業活動のデジタル化が加速しています。ただこうした動きは、何も目新しいことではありません。長らく日本が抱えてきた構造的な課題が露わになり、「いつかやらなければならない」と先送りにしてきたことを、「いまやらなければならない」という命題として突きつけられただけのことです。

思えばこの20年の間にも、さまざまなことが起こりました。これは、私の大学時代からの恩師でローラム社代表である佐々木徹氏の受け売りですが、企業における経営資源が「ヒト・モノ・カネ」だとすれば、2008年のリーマンショックはカネにインパクトを与え、2011年の東日本大震災はモノを破壊し、人命を奪い、COVID－19は生きているヒトの行動に制約を与えました。命がなくなるかもしれないという恐怖にさらされ、これまで当たり前のように享受していた日常を奪われたのです。そして皮肉にも、今回のCOVID－19がビジネスに与えた打撃は過去に類を見ないレベルということから、「ヒト」の企業活動における重要性が改めて裏付けられたとも言えるでしょう。

それに対抗する手段があるとすれば、やはりテクノロジーの力です。実際、中国、韓国などでは感染者の行動経路をスマートフォンの行動履歴と照合して追跡するシステムを導入し、台湾ではマスク配布システムを導入し、健康保険カードのIDと紐づけてマスクの売買を管理し、一定の成果を挙げています。日本でも「新型コロナウイルス接触確認アプリ（COCOA）」がリリースされ、COVID－19の陽性者との接触の可能性を知らせることができるようになりました。

そして、これまで「できない」「無理だ」と言われていた大企業でさえ、一気にリモートワークを解禁し、オンラインでのミーティングや商談をはじめました。導入していたものの無用の長物と化していた社内コミュニケーションツールやオンライン会議ツールの利用が格段に進み、操作に慣れた人も多いでしょう。オフィスに集まることができなくなったことにより「働かないおじさん」があぶり出されたと揶揄する声も挙がりました。また、業務から離れたところでは「Ｚｏｏｍ飲み」という言葉が生まれ、直接会えなくてもフェイストゥフェイスのコミュニケーションを続けようとしてきました。

幸か不幸か、ＣＯＶＩＤ－19は世の中の変化を一気に加速させ、ＤＸによる構造改革はもはや不可避であることを、私たちに思い知らせました。もはや「やらない」という選択肢はないのです。

ＡＩによって「この会社で働く意義」がますます問われる

テクノロジーの影響を語るうえでまず欠かせないのが、ＡＩ技術です。事業領域だけでなく、組織領域においてもＡＩの導入が進み、業務の効率化が徹底的に進めば、人の仕事は大きく３つに集約されていくでしょう。

一つは、０か１か明確な答えがないなかで問いや課題を見つけ、戦略的に意思決定を行う経営的な仕事。２つ目はエンターテインメントやクリエイティブに関わる文化的な仕事。そして３つ目は、ＡＩを開発し、その機能を世の中に実装し活用するといった、ＡＩの開発やＡＩによるオペレーションを進める仕事です。それ以外の仕事は、一部の職人的な仕事を除いて、ＡＩやＲＰＡ（ロボティック・プロセス・オートメーション）など、機械に置き換えられていくことになります。

ＡＩの技術による影響は、産業革命に続く大きな生産性の革命と言われています。そしてそれはもう既に始まっています。

たとえば回転寿司チェーン。店舗では、何十種類もの商品の中から、その日・その時間に売れるであろう商品を予測して事前に寿司を握り、回転するレーンへと流します。その需要予測の精度が低いと、多くの廃棄ロスとなり経営を圧迫することになります。以前であれば、これを各店舗の店長などが経験をもとに予測していたわけですが、今ではＡＩが人間よりも精度高く予測を弾き出すようになりました。そして、ＡＩによる「次は、サーモンを３つと、マグロを２つ握ってください」という指示のもと、人間が寿司を握っているのです（機械が寿司を握っているチェーンもありますが）。実はこのようにして、ＡＩに置き換えられるどころか、ＡＩの下で人間が働く時代が、もう既にやって来ているのです。

ちなみに日本マクドナルドでは、「雨の日はフィレオフィッシュが売れる」という経験則が共有されていました。「雨（水）を見ると魚を食べたくなるから」など笑っちゃうような説もありますが、正確な理由はわかっていません。僕が高校生でアルバイトしていた頃は、まだつくり置きによるオペレーションでしたから（現在はメイド・フォー・ユーといって、注文を受けてからつくっています）、実際「今日は雨だから、フィレオフィッシュを多めにストックしておいて」という指示が店長や店長代理からありました。

これは極端な例かもしれませんが、以前はこのようにして勘と経験によって、さまざまな予測がなされていたのです。それが今や、データ分析をすることで一定の法則性を見いだすことができるようになりました。そして、これからは、ＡＩが自ら学習し続けて最適解を見いだし続けます。当然、人間より精度が高いわけです。

一人ひとりが「自分らしく働ける会社」を選び取る時代に

こんなことを言うと「人の仕事がなくなり、一部の人は生活に困ってしまうのではないか」といった声も挙がるでしょう。けれどもそれは大きな間違いです。かつて産業革命を経て、多くの職業がなくなっても、また別の新たな職業が生まれました。そして何より、ＡＩが人の代わりに生産をしてくれるという事実が重要です。これによって人が働かなくても全体としての生産量は担保されるばかりか、むしろ効率が上がり、生産量の向上が見込めます。生産効率が上がり、一人あたりのＧＤＰも上がっていけば、労働時間は削減され、長時間労働にあえぐ人は減っていくでしょう。極端なことを言えば、ベーシックインカムによって働かなくてもよくなり、働かなくても暮らしに困らない未来がやってくるはずです。そうやって産業革命以来の大革命が起こったとき、人は何に時間を費やすことになるのでしょうか。

自分の働く会社に共感できず、働く意義を見いだせなければ、人はすぐに会社を辞めてしまいます。我慢して働き続ける理由も恩義もなければ、その会社にいる意味はないのです。**そうなれば、社員一人ひとりが、「その会社に所属したい」「この会社に貢献して、時間を費やしたい」と思えるような環境を意識的につくらなければなりません。**企業にはその環境をつくる責務があるのです。そしてそこに不可欠なのが企業のカルチャーです。

「この人についていきたい」「この人こそが世界を変えられる」と信じられる人がトップにいる企業か、あるいは「仲間がいるから頑張れる」「みんなでビジョンの実現を目指していきたい」と思える企業か。もしくは「この企業こそが自分の能力を評価してくれる」「ここでならリーダーを目指せる」と思える企業なのか、「みんなが素晴らしいリーダーシップを発揮していて、自分も切磋琢磨して成長していきたい」と思える企業なのか――。

企業が提示する「ありたい姿」「社会との約束」に対して、働く一人ひとりが自分なりに考え、より「自分らしく働く」ことができ、自分がより一層「ありたい自分」でいられる会社を選び取る時代がもう目の前にきているのです。

リモートワークが進み
カルチャー醸成の難易度が上がる

ＣＯＶＩＤ－19の脅威によって、半ばなし崩し的にリモートワークがスタートし、「意外となんとかなった」という人もいれば、「通信環境が悪く、音声が途切れがちだった」「周りの『なんとなくの雰囲気』がつかめず、コミュニケーションが取りづらかった」という人もいるでしょう。

ただ、通勤ラッシュを「しかたない」とやり過ごしてきた人も、いったん満員電車に乗らなくてもいい生活を経験すると、以前と同じように通勤することを煩わしく感じてしまうのではないでしょうか。

通信の新規格である5Gサービスが２０２０年春にスタートし、データの超高速化・大容量化によって、これから通信環境は飛躍的に向上します。タイムラグや解像度の粗さを気にすることなく、自然にオンライン会議ができるようになるはずです。また、VR（仮想現実）技術やAR（拡張現実）技術が進化すれば、あたかもそこにいるような感覚で、仮想空間に存在できるようになります。リモートワークが当たり前となり、オフィスに通勤するのは月1回や週1回に限られたとしても、業務は問題なく進むようになっていくでしょう。

出張も同様です。これまでは「1時間の会議のためだけに東京─大阪間を日帰りで往復して、移動だけでほぼ一日終わってしまった」なんてこともよくあったかもしれません。しかしこれからは、「簡単な打ち合わせだけならオンラインで」という共通認識が生まれ、無理に移動する必要はなくなりました。こうなってくると、航空業界はもとの状態まで業績を回復させることは難しいかもしれません。そしてJR東海は、東京─大阪間のリニアモーターカー導入を進めていますが、その必要性もこれまでほど高いものではなくなったと言えそうです。

そうなれば、本当の意味で時間や空間から解放され、どこにいても働けるようになります。郊外の自宅で、海の見える旅先で、あるいは遠く離れた海外で、オンラインに接続し、これまでのように仕事をする。実際、菓子メーカーのカルビーがリモートワークの無期限延長を決め、業務上支障がなければ、単身赴任を解除することを認めました（＊1）。そんな「どこにいてもいい」働き方がリアルなものとして実現しつつあるのです。

業界や事業モデルによっては、リモートワークがそぐわないケースもあるものの、リモートを前提とした働き方が一つのスタンダードになってくると、リモートのみで採用プロセスが完了し入社するケースや、入社から3カ月経ってもオフィスに出社せず、同僚とはオンラインでしか接していないというケースも増えてきます。

当然、こうした環境下では、カルチャーを醸成する難易度は上がります。**同じオフィスで過ごすだけで、ただなんとなく共有できていた暗黙知としてのカルチャーを、全社員に同じ温度感で伝え、浸透させていくことが難しくなるからです。**だからこそより一層、カルチャーを形式知として可視化し、明確なシェアドバリューを共有し、自社のカルチャーとして意図を持って戦略的に醸成することが求められます。

また、こうしてオフィスに集まることの必然性が薄れることにより、「同じ空間にリアルで集まること」の稀少性が高まり、「わざわざ集まるからには、意味のある時間にしよう」という気運が高まるでしょう。つまり、これからはオフィスの役割そのものが変化し、「生産的に働く空間」という位置付けから「カルチャーを共有するための空間」としての役割へとシフトしていくと考えられます。

リモートを中心とした新たな働き方においても、会社に対するロイヤルティを持ち、帰属意識を感じられるように、カルチャーモデルの推進がますます重要なものとなってくるのです。

ブロックチェーン技術によって組織も分散型になる

「同じ空間に集まる」「一堂に会する」ことがリスクとなりうる世の中になったことで、中央集権的な組織構造に脆弱性が見えてきたことも確かです。少なくともこれまで中央集権型の組織構造を貫いてきたところも、傍流として分散型の組織構造や意思決定プロセスを構築し、あらゆる可能性に備える必要が出てきたと言えるでしょう。

今はまさに過渡期です。どんなに神がかった意思決定を行ってきたカリスマリーダーでも、10年、20年、あるいは30年先にも同じ水準で意思決定ができるのかはわかりません。そういった意味でも次世代のリーダーを育成していくこと、分散型の組織を構築してそれぞれの現場で自律的に戦略を考え、行動していくことが重要となってくるはずです。

産業革命以降、あらゆる仕組みが中央集権的な組織構造を前提として成り立ってきました。資本主義における効率的な仕組みとして、その最適解が中央集権型組織だったのです。けれどもインターネットの登場によって、情報はさまざまなところに点在するサーバーによって管理され、今ではそれもクラウド化が進んでいます。そして、情報の発信元は、企業やメディアから個人へと移りました。

ここ20年、30年で少しずつ顕在化してきた「個」の力が、ますます強靭なものとなりつつあるなか、いよいよ社会実装されるのがブロックチェーン技術です。

ブロックチェーンは仮想通貨の文脈で語られることも多いですが、本質的には情報を分散管理し、データ改ざんや攻撃されても問題なく動き続けられるセキュアな構造であることが特長です。現在は、決済や送金を中心とした金融の分野での活用が主流となっていますが、海外ではさまざまな産業に応用する試みが既に始まっています。

たとえばエストニアでは、ブロックチェーンを活用した「電子政府」を確立しています。政府主導のもと契約や文書管理が電子化され、政府のサービスもすべてオンライン上で利用することが可能です。こうすることで、物理的にエストニアで暮らす必要性がなくなり、国外のいろいろな国に移住しながら、エストニア国内の企業で仕事をしている人が数多くいます。さらにエストニアでは、「電子国民」という概念を導入しており、国外に住む外国籍の人でもオンライン上でエストニアの国民となり、法人登記することも可能です。日本に住みながら、エストニアを拠点にヨーロッパでのビジネスを推進することができるのです。

企業のみならず国家ですら、中央集権的な概念から分散型へと移行を進めており、それを可能にしている重要な技術の一つがブロックチェーンというわけです。

このように、ブロックチェーンによる情報管理が一般化し、それぞれが自律的に機能することが当たり前になっていけば、組織も分散型になっていくのは必然の流れです。

そして、分散化した組織だからこそカルチャーの重要度が増します。**権限委譲され、それぞれが自律して意思決定し業務を遂行していくことになれば、組織はバラバラな方向に向かって走り出す恐れがあるからです。**しかしカルチャーが言語化され、浸透していれば、組織としてビジョン・ミッション・バリューや意思決定スタイルといった共通認識を持つことができます。その共通認識があれば、分散化しても大きく離れた方向に進むことはありません。

　このように、分散化するこれからの世界において、カルチャーモデルの推進がより一層欠かせないものとなってゆくでしょう。

未来が現実になるからこそ「最高の組織文化」をつくろう

まだ見ぬ未来を思い描くとき、悲観論者なのか楽観論者なのかによって、その未来は大きく異なるでしょう。私自身は楽観論者です。インターネットが20年で一般化し、スマートフォンは10年足らずで普及しました。それなら、ＡＩだってＶＲ・ＡＲだって、ブロックチェーンだって、もっと短いスパンで当たり前のように社会実装され、私たちの身近な存在となることは、そう夢物語ではないはずです。

そうすればきっと、会社や場所に縛られることなく、あくせく働かなくても暮らしていける未来がやってくるはず。そんなとき、私たち人間はどんなことに時間を費やすことになるのでしょうか。

一日中ゲームをしていれば幸せだという人、田舎でのんびり暮らしたいという人もいれば、社会のために意味のある仕事がしたい、気の合う人と仕事がしたいという人もいるでしょう。

いずれにせよ、人生において働く時間は、その多くを占めるとても重要なものです。一度しかない人生の大半を費やすもの。その時間比率が仮に下がっていっても、心の部分では依然として多くを占めるでしょう。

だからこそ、企業は自らのカルチャーを語る必要があります。

その企業が何を目指し、何を大切にしているのかを発信することで、働く人はその企業で何を目指せるのか、どんな姿でいられるのか、どんなバリューを大切にし、何を生み出せるのかを判断することができる。

企業が働く人を選んでいたように、働く人が企業を選ぶ時代なのです。

私はこの本で、いくつかの選択肢を示しました。中央集権型か、分散型か。安定志向か変化志向か。それを選ぶのは企業であり、経営者だ、と。唯一の解を示したつもりはありません。あくまで、その判断軸は、経営者であり、人事担当者であり、組織に所属する一人ひとりのなかにあるのです。

ここまで読んでいただいた経営者の方や、組織づくりに携わるマネジメント層や人事担当の方は、この本で提示したカルチャーをつくるためのプロセスを、ぜひご自身の組織で実践されてください。また、一社員の立場から、組織変革が必要だと感じた方は、仲間を増やして何か一つでも行動を起こしてみてください。そして、ご自身の個性や価値観と、今所属する組織のカルチャーが合わないかも…と感じる方は、何が自分にとっての幸せか、この機会に改めて考えてみることをおすすめします。


大きな潮流としては、あらゆる組織体も情報も分散型になり、変化は激しくなるでしょう。その大きな波をギュッと身を固くして静まるのを待つのか、自らも動いて波に乗ろうとするのか、はたまたその波を自らつくりにいくのか、どれを選ぶのかも引っくるめて、それが企業のカルチャーであり、あなた自身の個性でもあるのです。

ただ、どれを選ぶにしろ「何を信じ、どうありたいのか。どう働き、どう生きたいのか」個人で物事を決めるとき、自分なりの指針や価値観、判断軸がきっとあるはずです。それはつまり、企業においても指針や価値観、判断軸が重要だということです。

さまざまな人が集まり、同じ組織のなかで働く以上、それぞれの価値観や考え方に任せていれば、判断もバラバラになりますし、その精度もまちまちになります。そうなれば、果たして同じ組織にいる意味はあるのでしょうか。

同じ組織にいる以上、何を目指し、どうありたいのか。

そこにはどんな価値観があるのか――。

「なんとなく」ではなく、何度も何度も繰り返しビジョン・ミッション・バリューを心に問いかけ、言い続け、共有して、会社にいるあらゆる人がその企業のカルチャーを体現できるような最高の組織文化がつくられたときこそ、企業のビジョン・ミッションが成し遂げられるのです。

＊1　「「単身赴任、意味なくない？」カルビー、改革の舞台裏」（『朝日新聞デジタル』https://www.asahi.com/articles/ASN72722PN72ULFA00S.html）

おわりに

なぜ私が企業におけるカルチャーを重要視するようになったのか。そこにはとある苦い経験があります。

私が日本マクドナルドに在籍していた２０１２年10月のこと、マクドナルドの各店舗で、レジカウンターに置いてあるメニュー表を廃止したことがありました。当時、マーケティング本部で店頭マーチャンダイジング（ポスターやメニュー表など店頭での告知物）の責任者を務めていた私は、そのプロジェクトの陣頭指揮を執っていました。

この取り組みの目的は、お客様の利便性の向上でした。メニュー表の廃止自体が目的ではなく、遠くからでも見えるメニューボードや手に取って読めるメニューリーフレットを揃えて、列に並びながら注文を検討できる環境を用意することで、お客様の店舗体験をより良いものにしたいというものでした。テスト導入も進め、お客様の満足度は向上し、スピードも改善し列も短くなるというポジティブな結果が出たため、自信を持って全国展開へと進めました。

リリース当日、ある店舗のクルーの方がツイッターでこう呟きました。「本日からレジのメニュー表がなくなります。（中略）最初は戸惑うこともあるとは思いますが、どうぞご協力よろしくお願いいたします」と。すると一気に不安の声が広がりました。「わかりにくいのでは」「目の不自由な人はどうすればいいのか」「値段がわからないから不安」……そのつぶやきは私の記憶では5万以上リツイートされて、いわゆる〝炎上〟状態になりました。自信を持ってリリースした企画が、お客様から厳しいご指摘をいただき、全国の店舗運営を混乱させる結果を招いてしまったのです。

当時29歳、未熟ながらも部長という責任あるポジションで1年間かけて準備し、大きなプロジェクトを推進しているという自負からか、「絶対に成功させなければいけない」という焦りがあったのかもしれません。私は、新卒入社して以来、「マクドナルドをよりよい会社にしたい」という強い気持ちを胸に、日々の仕事に邁進してきました。にもかかわらず、このようにお客様と会社に大きな迷惑をかける結果となり、それまで積み上げてきた自信は脆くも崩れ去りました。

「自分は何のために働いているのだろうか」「本当の意味でお客様のためになる仕事をできているのだろうか」「自分にはまだ知識もリーダーシップも足りてないのではないか」など、自問自答を繰り返し、より自分が成長できる環境を求め、働きながらグロービス経営大学院に身銭を切って通うことを決意しました。会社とは違う環境に身を置き、自分自身が何を指針に働き、何を実現したいのか、改めて自分を見つめ直すことにしたのです。経営的な知識よりもむしろ、自分なりの判断軸や信念を持った強いリーダーシップを身に付けたい。そして、迷惑をかけてしまったマクドナルドに必ず恩返ししたい。そう、心に誓って入学しました。

経営大学院の卒業を目前にし、学んできたことを仕事でもっと活かしたいと考えていた矢先、社長室長にアサインされました。食の安心安全問題で揺らぐ組織を、自信を失ってしまっている仲間を、なんとかして再び同じゴールに向かって尽力できるより強い会社にしていこう、という強い想いとともに業務にあたりました。そんななか、組織風土改革プロジェクトを推進する機会にも恵まれ、私自身がそうだったように、組織にも何を指針に、何を実現したいのか、社員一人ひとりが共有し、信じられるもの――シェアドバリューが重要であり、カルチャーを体現することが重要なのだと、身をもって実感することができたのです。

その後、マーケティング本部に戻って業績を建て直すなか、組織風土改革の効果もあってか、売上はどんどん回復していきました。施策を打てば、しっかりと成果が出る組織は素晴らしいと感じましたし、何よりも、目を輝かせて働く仲間が増えていくことが、自分にとっての幸せだと気づいたのです。マーケターとしての理想の姿を考えれば、お客様が第一であり、日本で暮らす1億人の方がどうすれば幸せになれるのかを考えなければなりません。日本マクドナルドは全国津々浦々に店舗があり、老若男女問わずあらゆる方が訪れる。まさに多くの方に開かれたブランドです。けれどもそうやって考えれば考えるほど、果たして私自身はそのお客様のことを深く考えられているだろうか、と疑問に思うようになりました。

私はむしろ、一緒に働く仲間……身近にいる人たちが幸せに働けることが、重要なのではないかと感じるようになりました。私は「お客様が第一」ではなく「働く仲間が第一」で、「働く人を幸せにできる仕事がしたい」「働く仲間が幸せなら、その先のお客様にも幸せは広がる」と考えるようになったのです。

そんな想いを抱いて転職したのが、日本からグローバルを目指すメルカリでした。奇しくもちょうど「現金出品」「不正出品」などが大きな問題となり、組織が強い風当たりに直面している時期。勢いあるスタートアップとして成長を続ける組織が、社会的公器としての責任を求められているさなか、カルチャーを棚卸し、何が強みで、何が足りていないのか、何を言語化し、可視化するべきなのか。走りながら考え、考えながら走る濃密な2年間でした。

そしてSHOWROOMでは、カリスマ経営者である前田裕二氏の下で、「〝エンターテインメント×テクノロジー〟で世界中に夢中を届ける」というビジョンのもと、第2創業期に差し掛かった組織のアクセルを踏みなおすべく、カルチャーの構築と浸透に取り組みました。その矢先に直面したのが、このコロナ禍です。

人々の価値観が大きく揺らぎ、不安に陥る人も多いなかで見えてきたのは、「幸せに働く」余裕すらなく、目の前の仕事にただただ忙殺される人や、「自粛」という名目上、働きたいのに働けない状況の人、疑心暗鬼に陥り、新しいことにチャレンジするのを咎めようとする人の姿でした。企業にも一気に経営危機に陥り、事業縮小を余儀なくされるところや、経営破綻するところが出てきました。

しかし、私はこんな今だからこそ、「幸せに働く」こと……「楽しく働く」ことが重要だと信じています。幸せに働けない会社、楽しく働けない会社は、いずれ事業も立ちゆかなくなるでしょう。経営者の多くは資金調達やビジネスモデルばかりに気を取られ、それにしか関心がないようにも思えます。ビジネスですから、資金を得て売上をつくらないと成り立たないため、ある意味これは当然のことですが、企業の経営資源はヒト・モノ・カネであり、やはり重要なのは「人」だと思うのです。そしてその「人」は、こうして生まれてきたからには、人生の多くを費やす「仕事」の時間こそ、楽しく幸せなものであるべきだと私は考えています。

何を指針に働き、何を実現したいのか。それは人によって異なります。「たくさん働いて、たくさん稼ぎたい」という人もいれば、「ほどほどに働いて、早めに帰って趣味に使いたい」という人、「社会課題を解決して、より良い社会を築きたい」という人もいるでしょう。
そうであるなら、企業もまた、何を指針として、何を実現したいのか。ビジョン・ミッション・バリューを発信して、どんなカルチャーであるかを世の中に提示する。それによって、人々は「ここでなら楽しく働けそう」「自分らしく働けそう」と考え、企業と人のマッチングが成立するわけです。そしてそれが双方にとって想像通りのものとなり、願っていた働き方が実現し、結果として成果を生めば、「幸せに働く」が実現するのです。

私はその「幸せに働く」をより多くの人が実現できるよう、新たに会社を立ち上げることにしました。「Almoha（アルモハ）」という会社です。「A little more happy」というミッションを掲げ、このミッションから頭文字を取って、社名をつけました。「自分たちが心からやりたいと思うことをやって、社員が幸せに働くことができ、お客様やその家族を〝少しでも〟幸せにできる仕事をしよう」という想いが込められています。私はその共同創業者として、すべての人が楽しく幸せに働ける未来をつくっていきたいと考えています。

謝辞

本書を書くきっかけとなったのは、編集の林拓馬さんとの出会いからでした。私が主催した『ティール組織』についての勉強会に参加してくださり、そこでの出会いが始まりとなって、「組織カルチャーについての本を出しませんか。唐澤さんとなら絶対にいい本ができると思うんです」とお声がけいただきました。熱心にお話しいただいたことで、「よし、書いてみよう！」という勇気が湧いたのを今でも覚えています。

私は、こうした出会いの力を信じています。「コネクティング ザ ドッツ」という言葉をスティーブ・ジョブズがスタンフォード大学の卒業生向けのスピーチで使ったことはあまりに有名ですが、こうして点と点が後になってつながってくることが、いかに多いことか。ジョブズはそのスピーチでこうも語っています。

「あなた方の時間は限られています。だから、本意でない人生を生きて時間を無駄にしないでください。ドグマにとらわれてはいけない。それは他人の考えに従って生きることと同じです。他人の考えに溺れるあまり、あなた方の内なる声がかき消されないように。そして何より大事なのは、自分の心と直感に従う勇気を持つことです。あなた方の心や直感は、自分が本当は何をしたいのかもう知っているはず。ほかのことは二の次で構わないのです。」

（引用：『ハングリーであれ。愚か者であれ』ジョブズ氏スピーチ全訳／日本経済新聞／https://www.nikkei.com/article/DGXZZO35455660Y1A001C1000000/）

私は、このスピーチを聞いてから、自分の心や直感に従って、今この瞬間を大切にして生きるように心がけてきました。そして、一つ一つの出会いが、直感を信じて前へと行動する原動力となっています。そうした出会いのおかげで、今の自分があり、この本を書き上げることができました。

出会ってきたすべての方々に御礼をお伝えするとともに、カルチャーに関する経験を積むうえで、大きく影響を与えてくださった方々への御礼を伝えさせてください。

新卒で入社したマクドナルドの内定者研修以来の恩師でもあり、メンターとして常々お世話になっている佐々木徹さん。「会社は人でできている」と「人」の大切さを最初に教えていただいた方です。

グロービス経営大学院で「志」の重要性を教えくださり、「なんのために生きるのか」を考えるきっかけをくださった、グロービス経営大学院 経営研究科 研究科長の田久保善彦さん。その後は教員の立場としてもご指導いただいています。

マクドナルドでは、バリューを策定し組織風土改革を推し進める機会をくださった当時CEOのサラ・カサノバさん。マーケティングで一緒に組織を強化し業績建て直しの経験をさせてもらった当時CMOの足立光さん。組織風土改革プロジェクトを一緒に進めてくれた皆さん。

メルカリで、組織カルチャーの重要性を教えていただき、意図を持って設計し実践する機会をくださった、CEOの山田進太郎さん、当時COOの小泉文明さん。一緒にメルカリのカルチャーをつくってきたピープル&カルチャーの仲間たち。

SHOWROOMで、組織づくりを実践し、その難しさと奥深さを改めて経験する機会をいただいた代表の前田裕二さん、メンバーのみんな。

そして、Almoha LLCの代表で共同創業をする柄沢聡太郎。彼とつくる会社のカルチャーやビジネスについての議論はいつも刺激的で、最高の組織文化の会社をともにつくるこれからが、楽しみでなりません。

ここで代表して名前を挙げさせていただいたどなたも、キャリアや人生の転機では、いつも前向きなチャレンジをすることに、喜んで背中を押してくださいます。これからもチャレンジし続け「最高の組織文化」と言える会社を自らの手でつくり、楽しく働ける人を一人でも増やすことに貢献することで、少しでも恩返しができればと思います。

こうしてみると、本当に周りの人に恵まれた人生を送らせてもらっていると思えてなりません。そうした人生を歩ませてもらえた両親にも、この場を借りて御礼を伝えたいと思います。

そして、本書の出版のため足掛け1年弱、一緒に走り抜けてくださった、編集の千葉正幸さん、林さん、編集協力いただいた大矢幸世さん、本当にありがとうございました。皆さんとの議論を通して、言語化しきれていなかった自分の考えがまとまっていく経験は、自分にとっても学びが多く、何にも代えがたい経験をさせていただきました。構成の変更を繰り返し、ご負担をおかけしてしまったことと思いますが、妥協せず最後まで力になっていただき、心から感謝しています。

最後に、本書を手に取ってくださった読者の皆様、最後までお読みいただき、ありがとうございました。「よりよい会社にしたい」「もっと楽しく働きたい」そうした想いをもし抱かれているのであれば、その変化を生み出すのは皆様、一人ひとりです。明日から、どんな小さなことでもいいので、何か一つでも新たな行動を起こしてみていただければ思います。

そして、本書が社会にいい会社を増やすことの一助となり、一人でも多くの方が、日々楽しく生き生きと働き、楽しく幸せな人生を送ることに貢献できるのであれば、それほど嬉しいことはありません。

「うちの会社は最高の組織文化だ」と胸を張って言える方で溢れた日本になる日が来ることを、心から祈っています。

2020年　8月

唐澤　俊輔

カルチャーモデル
最高の組織文化のつくり方

発行日　2020年8月30日　第1刷
　　　　2024年8月30日　第2刷

Author —— 唐澤俊輔
Book Designer —— 三森健太（JUNGLE）
Infographic Designer —— 岸和泉［本文図版］

Publication —— 株式会社ディスカヴァー・トゥエンティワン
〒102-0093　東京都千代田区平河町2-16-1 平河町森タワー11F
TEL 03-3237-8321（代表）03-3237-8345（営業）　FAX 03-3237-8323
https://d21.co.jp

Publisher —— 谷口奈緒美
Editor —— 千葉正幸　編集協力：大矢幸世

Distribution Company —— 飯田智樹　蛯原昇　古矢薫　佐藤昌幸　青木翔平　磯部隆　井筒浩
北野風生　副島杏南　廣内悠理　松ノ下直輝　三輪真也　八木眸　山田諭志　鈴木雄大
高原未来子　小山怜那　千葉潤子　町田加奈子

Online Store & Rights Company —— 庄司知世　杉田彰子　阿知波淳平　大﨑双葉　近江花渚
滝口景太郎　田山礼真　徳間凜太郎　古川菜津子　藤井多穂子　厚見アレックス太郎　金野美穂
陳玟萱　松浦麻恵

Product Management Company —— 大山聡子　大竹朝子　藤田浩芳　三谷祐一　千葉正幸　中島俊平
青木涼馬　伊東佑真　榎本明日香　大田原恵美　小石亜季　舘瑞恵　西川なつか　野﨑竜海
野中保奈美　野村美空　橋本莉奈　林秀樹　原典宏　星野悠果　牧野類　村尾純司　元木優子
安永姫菜　浅野目七重　神日登美　小林亜由美　波塚みなみ　林佳菜

Digital Solution & Production Company —— 大星多聞　小野航平　馮東平　森谷真一　宇賀神実
津野主揮　林秀規　斎藤悠人　福田章平

Headquarters —— 川島理　小関勝則　田中亜紀　山中麻吏　井上竜之介　奥田千晶　小田木もも
佐藤淳基　福永友紀　俵敬子　池田望　石橋佐知子　伊藤香　伊藤由美　鈴木洋子　藤井かおり
丸山香織

Proofreader —— 株式会社鷗来堂
DTP —— 株式会社RUHIA
Printing —— 株式会社厚徳社

ISBN978-4-7993-2668-8